절망에게 빼앗기지 않은 인생 수업

From despair to hope

시련기 뒤엔 희망의 빛 찾아온다

절망에게 빼앗기지 않은 인생 수업

글·사진 | 정원준

이 책은 79편의 이야기 속의 행간을 통해…삶의 지혜를 알려 주었다!

울림사

여는 글

　매주 주말이면 아내와 함께 우리가 살고 있는 멜번 시내의 중심가로 나간다. 아내는 아담한 만돌린을 어깨에 매고, 나는 통기타를 가지고 사람들이 모여 있는 멜번 거리에서 버스킹을 하기 때문이다. 우리는 주로 따스한 햇빛이 비추는 여름과 가을에는 젊은이들이 많이 모이는 주정부 스테이트 도서관쪽에서 버스킹을 한다. 그곳에는 도서관 앞마당에 넓은 잔디밭이 있어 사람들이 휴식을 취하고 그 옆쪽에는 트램 정류장과 맞은편에는 식당들이 있어 늘 사람들로 붐비기 때문이다.
　그러나 한국과 정반대의 계절 겨울로 접어든 요즘은 바람의 영향이 덜한 빅토리아 마켓에서 사람들을 만나고 노래를 하고 있다. 이곳은 멜번에서 가장 유명한 야시장으로서 다른 곳과는 달리 멜번 시티의 중심부에 자리잡고 있어 전 세계에서 온 관광객들이 한번쯤은 꼭 방문하는 명소이기 때문이다.
　처음 거리에서 버스킹을 결심하게 된 동기는 단지 내 목소리의 재능을 뽐내고 싶은 마음에서 비롯된 것이 아니었다. 가스펠 싱어로 종종 교회나 커뮤너티 센터에서 순탄하게 노래를 해왔지만, 어느 날 수많은 사람들이 목적도 모른 채 거리를 거닐고 있는 모습을 본 순간 불현듯 영적인 노래로 지친 그들의 마음에 용기를 주고 싶은 마음에서 나를 세상 밖으로 나가게 만들었다.

　지금은 어느 정도 익숙해지고 알아보는 사람들도 있어 한결 나아졌지만 처음 버스킹을 시작했을 때는 두려움으로 주저하기도 했다. 여전히 백인 우월 의식과 인종 차별이 남아 있는 호주 시내 중심부에서 중년 나이의 동양인에 대한 시선이 좋지만 않을 것 같은 생각이 들었기 때문에서다. 시내 거리에는 마약을 한 노숙자들이 많이 있어 종종 문제가 발생되기도 했다.

이런 우려와는 달리 지금은 많은 사람들을 만나 영적인 노래를 들려주고 그걸 통해 사람들로부터 감사의 인사도 듣게 되었다.
"감사해요, 사실 저는 얼마 전까지 큰 수술을 3번이나 받았답니다. 오늘 당신의 노래를 통해 큰 용기를 얻게 되었어요! 오늘 당신한테 고마움을 표시하고 싶은데 지금 가지고 있는게 동전 몇 달러와 이것밖에 없군요. 괜찮으시다면 이거라도 당신께 고마움을 전하고 싶어요."
그러더니 그 가난한 남성은 내게 자신이 가진 동전 전부와 함께 쵸코바 한 개를 내밀었다. 나는 그의 순수한 진심을 거부할 수 없었다.
어느 날은 한 노숙자가 노래를 하고 있는 내게 불쑥 다가왔다. 처음에는 혹시 나를 해코지 하는 건 아닐까 하는 생각에 잠깐 움찔했지만 그는 진지한 목소리로, '혹시 나를 위해 Amazing Grace를 불러 줄 수 있을까요.'라며 노래를 신청했다. 그리고 그는 3절의 노래가 다 마치는 순간까지 오랜 시간 내 옆에 서서 두 팔을 하늘 높이 들어 노래를 따라 불렀다.
물론 처음에는 방해꾼들도 만나기도 했지만 지금은 노래가 끝나면 내게 다가와 고마움을 전하는 사람들과 함께 삶의 이야기도 함께 나누는 기쁨을 누리고 있다.

이 책《절망에게 빼앗기지 않은 인생 수업》이 쓰여졌던 곳은 호주 최남단에 위치한 타스마니아 섬에서였다. 특히 우리 집은 타스마니아에서도 가장 끝자락에 자리잡은 곳이어서 수돗물도 들어오지 않아 지붕 위로 흐르는 빗물을 받아 생활용수로 써야 했다.

그곳에서 나는 이 세상에서 오로지 하늘과 자연, 그리고 나 자신—이 세 가지만 존재하는 것 같은 느낌을 받았다. 그리고 빗물을 받아 먹듯, 하늘로부터 내려오는 지혜의 글들을 한 자 한 자 받아 적어 써 내려갔다. 그 순간엔 대개 글쓰는 이들의 기교나, 현대인들의 욕망을 채워주기 위한 그 어떤 협상도 존재 할 수 없었다. 맑은 옹달샘에서 새록새록 솟아나는 샘물을 작은 표주박으로 정성스레 옮기는 정결한 여인처럼 종이에 글들을 옮겨 놓게 된 것이다. 그렇게 이 책은 독자들에게 전달될 수 있게 되었다.

나는 이 책《절망에게 빼앗기지 않은 인생 수업》이 국적을 초월해 삶의 무게로 좌절된 모든 이들에게 작은 위로와 소망을 전달해주는 다리가 되길 바란다. 그리고 이 글을 읽고 작은 도움이라도 되었다고 생각하는 여러분들에게 감사의 말씀을 드립니다.

2023. 7. 17 아침
지은이 정원준

차례

■ 첫 번째 이야기 | 사랑·행복·소망이라는 말

1 시인과 창문 · 13
2 무지개 · 17
3 발칸반도의 장미 · 19
4 노을 · 20
5 타스마니아의 섬에서 · 24
6 평화의 종 · 28
7 오리 사랑 · 31
8 조개와 진주 · 35
9 새 · 38
10 고향 · 40
11 망치와 못 · 43
12 마르지 않은 물 · 47
13 기다림 · 50
14 어미닭의 사랑 · 52
15 진정한 아름다움 · 54
16 미지의 섬 · 56
17 장미꽃과 가시 · 58
18 동상 · 61
19 모래시계의 사랑 · 63
20 배와 강 · 66
21 바다의 영혼 · 68
22 마음과 모래 · 70
23 희망이라는 배 · 72
24 장갑과 손 · 76
25 빵굽는 사람 · 78
26 참된사랑 · 82

■ **두 번째 이야기** | 지혜, 자기 계발에 대하여

1 소렐의 고목 · 86
2 지팡이의 고백 · 88
3 행복한가 · 92
4 둥근달 · 94
5 수수께끼 · 96
6 불과 나무 · 98
7 빛깔 · 100
8 눈과 꽃 · 102
9 소나기 · 104
10 노예와 쇠사슬 · 106
11 자유의 여신상 · 108
12 그림자 · 110
13 까마귀의 항변 · 113
14 발자국 · 114
15 보이지 않은 손 · 116
16 학살 · 118
17 열린문과 닫힌문 · 121
18 생명의 가치 · 123
19 죽음 · 126
20 산과 빙산 · 128
21 푸른 바다 · 130
22 줄다리기 · 132
23 격인 나무 · 134
24 생화와 조화 · 136
25 희망으로 · 138
26 끝까지 가야 한다 · 141
27 늑대와 거울 · 144

■ 세 번째 이야기 | 자연과 관계의 대상에 대하여

1 왜 사는가 · 150
2 스완강의 흑조 · 154
3 결혼을 앞둔 갈대 · 158
4 여자와 진주 목걸이 · 161
5 바다의 별 · 164
6 가시를 두른 나무 · 168
7 가위 바위 보 · 172
8 별의 선택 · 174
9 흐르는 물처럼 · 176
10 앵무새의 아픔 · 178
11 하늘과 땅 · 180
12 겨울의 뒷모습 · 182
13 물레방아 · 185
14 다리 · 188
15 정상 · 190
16 박쥐 인생 · 192
17 네 잎 클로버 · 194
18 군화와 구두 · 198
19 바람과 풍차 · 200
20 싸리빗자루 · 204
21 선과 악 · 206
22 불나방 · 210
23 초원매와 얼룩다람쥐 · 214
24 다람쥐와 쳇바퀴 · 216
25 나무와 낙엽 · 219
26 천국과 지옥 · 222

첫 번째 이야기

사랑·행복·
소망이라는 말

1

시인과 창문

한 시인이 해질 무렵
그윽한 향기를 내뿜는 커피를 마시며
창 밖의 아름다운 풍경을 바라보았다.
창 밖에 펼쳐진 저녁하늘은
붉게 물들어 가고 있었다.
아름다운 자연의 경관에 도취된 시인이 읊조렸다.
"해질 무렵의 노을은 참으로 아름다워!"
그러자 창문이 서운해 하며 시인에게 말했다.

"주인님, 다음부터는 창문으로 바라본 저녁노을이
아름답다고 말해 주세요."

시인은 창문에게 미안한 듯 얼굴을 붉히며 말했다.
"아, 네가 있었구나. 미안해! 매일 너를 마주 대하면서도
한 번도 너에게 관심을 가져 주지 못했구나!"
그날 밤, 잠자리에 들기 전에 시인은
'창문이 한 말'을 되새겨 보았다.

사실 창문은 그동안 비바람을 막아 주고
따스한 햇살을 전해 주는,
시인에게 고마운 존재였다.
창문이 아니었으면 자신이 살고 있는 집은 캄캄한 암흑과도
같았을 것이다.

고맙게도 창문 덕택에 밝은 빛이 방 안에
들어오는 것 뿐만이 아니라
아름다운 바깥 경관도 볼 수 있었던 것을 까맣게 잊고
있었던 것이다.

그 순간 시인은 창문이 너무도 고맙고 사랑스럽게 느껴졌다.
시인은 늘 멀리 있는 아름다움만을 바라보고
가장 가까이 있는 사랑스럽고 고마운 것에 대해서는
무관심했던 자신이 부끄러웠다.

그는 고맙고 미안한 마음으로 창문을 위해 짧은 시 한 편을 썼다.

저녁 하늘이 아름다운 건 노을 때문인지 알았다네.
그윽한 향기가 방 안에 가득한 것도 커피향으로 인함인지
알았었지.
하지만 이제 나는 알았네.
세상이 아름다운 건 내 가까이 그대가 존재하기 때문이라는 걸.
비바람이 불어오고 눈보라 휘몰아치는 그때에도
그대가 그곳에 있었다는 것을 잊고 지냈지.

오! 내 사랑 그대!

2

무지개

사람들이 마을 뒷산에 걸려 있는 아름다운 무지개를 보았다.
그리고 일곱 빛깔 무지개를 따기 위해서 산으로 향했다.
'저 아름다운 무지개를 반드시 따고야 말겠어.'
사람들은 소망을 품고 무지개가 있는 곳에 이르렀다.

그때, 무지개가 모인 사람들에게 나지막이 말했다.
"여러분, 저를 가져가시는 것은 좋지만 그러기 위해서는
날마다 비를 맞으실 각오를 하셔야 할 거예요."

"그게 무슨 뜻이지?"
"저는 비가 없이 존재할 수 없기 때문입니다.
여러분들이 비를 맞을 결심을 하고 여기에 오셨다면
저를 가져가세요.
하지만 저의 아름다움만을 가져가시기 위해서 오셨다면
잘못 생각하신 겁니다."
고민하던 사람들은 하나 둘 마을로 돌아갔다. 마을 뒷산에는
아무도 가져가지 않은 일곱 빛깔 무지개가 여전히 남아 있었다.

3

발칸반도의 장미

그는 언제나 고독한 시간에 꺾인다.
고독하다는 것은 때론 우리를 힘들게 만들지만
진주가 조개의 눈물로 빚어지듯 고독은 그의 육신을
향기로운 제물로 드리워지게 한다.

우리는 아름다운 삶을 꿈꾸며 산다.
하지만 무지개는 비가 없이는 뜨지 않는다.
모두가 향기로운 장미를 꿈꾼다.
하지만 아는가?

세상에서 가장 향기로운 발칸반도의 장미는
모두가 잠든 깊은 밤에 채취된다는 것을….
어두운 밤을 눈물로 지새우지 않은 꽃은
발칸반도의 장미가 될 수 없다.
그는 언제나 깊은 밤에 꺾인다.

4
노을

'동녘'이 해로부터
'서녘'의 아름다움을 전해 들은 뒤로
서녘을 사랑하게 되었다.
그러나 안타깝게도 너무 멀리 떨어져 있어서
그들은 만날 수 없었다.
동녘은 서녘을 만날 수 없는 현실에 시름시름
앓아가기 시작했다.

어느 날 동녘의 처지를 안타깝게 여긴 해가 말했다.
"그렇게 낙심하지 마. 내가 네 사랑이 이어질 수 있도록
도와줄 게. 서녘을 사랑하는 네 마음을 편지에 적어 봐.
그러면 그 편지를 내가 전해줄게…."

용기를 얻은 동녘은 자신의 마음을 편지에 담아 해에게 주었다.
그러자 해는 동녘의 편지를 들고 먼 여행길에 올랐다.
그리고 동녘의 마음이 담긴 사랑의 편지를 서녘에게 전해 줬다.
"동녘이 너에게 주는 편지야!"
서녘은 떨리는 마음으로 편지를 읽어나갔다.

'비록 우리가 만날 수 없다는 현실이
내 마음을 아프게 하지만
언젠가 그대를 만날 날을 소망하며
내 마음을 이 편지에 담아드립니다.
내 마음을 받아주세요.
내… 사랑!'

동녘의 편지를 읽고 난 서녘의 얼굴은
어느덧 붉게 물들고 있었다.

5

타스마니아섬에서

아무도 없다.

존재하는 건 바다와 섬, 그리고 그곳에 터전을 마련한 갈매기뿐.

바다는 늘 소리를 낸다.

그도 맺힌 한을 풀지 않고서는 견딜 수 없는가 보다.

그도 나도 외로움에 지쳐 있다.

외로움에 울부짖는 그에게 나는 물었다.

"바다야, 바다야! 이곳에 내려오니 너무 힘이 드는구나.

꿈도 소망도 멀어보이는 이곳에서 세월만 낚고 있으니,

내 자신이 한심하구나. 너는 어떻게 그 긴 세월을 보낸거니?"

그가 말했다.

"아무도 너를 알아주는 이 없고 너의 꿈이 멀리만 보일 때

그리고 모든 것을 잃어버렸다고 생각될 때

너는 참사람이 되어가고 있는 거야. 그때부터 너의 존재를 바로

보게 되지. 아무것도 아닌 네 자신을. 세월을 낚는다는 것은 결코

낭비가 아니야!"

흰 파도가 바람에 불려 내 몸을 적셨다.
"기다린다는 건 힘겨운 일이지. 하지만 우리는 인내해야 해.
기회란 언젠가는 찾아오게 돼 있어.
그런데 겸손하지 못한 그릇에는 기회가 오래 머물지 않아.
잠시 머물러 있다가 함께 썩어서 죽든가
아니면 날개를 달고 날아가 버리지.
원래 기회란 깨끗한 것을 좋아하거든."
그리고 나서 돌아서는 나에게 그는 정답게 말했다.

"세월을 낚는다는 것은 아름다운 꽃을 피울 수 있도록
기회를 주는 것이며, 우리의 아집과 욕망을 비우는
거룩한 시간이야."

6

평화의 종

마을이 훤히 내려다보이는 언덕 위에 조그마한 교회가 있었다.
이 어여쁜 교회의 꼭대기에 세상에서 가장 아름다운 소리를
내는 평화의 종이 있었다.
이 평화의 종은 지친 농부의 어깨에 새 힘을, 시기와 질투로 찢겨
졌던 사람들의 마음에 참 안식을 주었다.
그래서 마을 사람들은 한결같이 평화의 종을 마을의 보배로
아끼고 사랑했다.
그러나 정작 평화의 종 자신은 삶에 지쳐서 하루하루를 힘겹게
보내고 있었다.
'많은 사람들이 내 소리를 듣고 힘을 얻는 것은 보람되지만
날마다 이렇게 두들겨 맞아야 하다니 너무 고통스러워!'

그날 밤도 평화의 종은 괴로움 속에 신음하고 있었다.
안타까운 마음으로 평화의 종을 지켜보던 달님이 부드러운
목소리로 말했다.
"사랑스런 평화의 종아! 나는 알고 있단다. 네가 얼마나 힘든 삶
을 살고 있는 줄을….

그러나 네가 아니면 절망 속에 살 수밖에 없는 마을 사람들에게 누가 아름다운 소리를 들려 줄 수 있겠니?"
"저도 알아요. 하지만 꼭 이렇게 고통 속에서 소리를 내야 하나요?"
그러자 달님이 고개를 끄덕이며 말했다.
"그렇단다. 왜냐하면 고통을 겪지 않고는 결코 아름다운 소리를 낼 수 없기 때문이야. 그게 바로 종이란다."
그리고 달님은 잠시 지난날을 회상했다.

'사람들은 알지 못해, 왜 이 밤 하늘이 밝게 빛나는지를.
수많은 세월을 고통 속에 찬바람을 맞지 않고서는
이렇게 아름다운 빛을 세상에 비출 수 없다는 것을…'

오리 사랑

남들은 우리의 입을 보며 놀려 대죠, 맵시없다고!
하지만 우리는 감사해요, 남에게 상처를 입히지 않으니까요.
한때는 목소리 때문에 실망도 많이 했었지요,
돼지 목 따는 소리 같잖아요?

그런데 이렇게 편할 수가 없어요, 고상한 체 안하고
잡담할 수 있으니까요.
그래서 우린 외롭지 않답니다.
세상은 온통 빨리 달리려고만 합니다.
조금만 늦으면 큰일이 일어날 것처럼….

그러나 생각해 보세요!
저희보다 조금 빨리 달려오신 여러분, 지금 행복하세요?
큰일이 벌어질 것처럼 급하게 가시더니,
그래 그 일은 어떻게 되었는지요?
오히려 서둘러서 일을 그르치지는 않으셨는지요.
사랑하는 여러분, 잠시 멈춰서 저희들을 바라보세요!

그리고 이런 사랑 한번 해 보세요, 오리 사랑!
비록 아름다운 입술은 갖지 못했지만 상대의 마음에 상처를
주지 않는 사랑!
비록 꾀꼬리 같은 목소리는 아니지만 정다운 이야기로
상대를 외롭지 않게 해 주는 사랑!
비록 뒤뚱거리며 걷지만 남을 뒤처지게 하지 않고,
나로 인해 상대의 입가에 미소를 짓게 하는 사랑!

오리는 맵시 있는 입술을 갖지 못한 것이 아니라
남에게 상처를 주지 않은 입술을 가진 것이고,
꾀꼬리 같은 목소리를 갖지 못한 것이 아니라
정다운 목소리를 가진 것이며,
빠른 걸음을 갖지 못한 것이 아니라
여유 있는 삶을 가진 것이다.

8

조개와 진주

사람들로부터 많은 관심을 받게 된 조개가 그날도 자랑스럽게 바다 속을 거닐고 있었다.
그 모습을 바라보던 자라 한 마리가 조개에게 다가와 물었다.
"뭐가 그렇게 좋은 거니?"
조개는 긴 하품을 하면서 말했다.
"몰라서 묻는 거니? 사람들이 나를 만나려고 온통 바다 속을 헤매고 다닌다는 것을?"
"왜 사람들이 너를 만나려고 하는 줄 아니?"
"그거야 사람들이 나를 좋아하니까 그런 거 아니겠어!"
자라는 안됐다는 표정을 지으며 말했다.

"어리석은 건지 순진해서 그런 건지 모르겠다. 사람들이 너를 찾아다니는 것은 너를 좋아해서 그런게 아니라 네 속에 있는 진주 때문이야. 사람들은 바로 그 진주를 사랑한단 말이야!"
조개는 자라의 말을 인정하고 싶지 않았다.
"아니야, 나를 사랑한다구! 그리고 네 말처럼 사람들이 진주를 좋아한다 해도 그 역시 나의 일부가 아니겠어…."

자라는, 사람들이 자신을 이용하고 있다는 생각을 갖지 않기 위해 몸부림치는 조개가 안쓰러워 보였다.
하지만 조개에게 사실을 알려 주고 싶었다.
"그렇지 않아. 네 말대로 진주는 너의 한 부분이지만 사람들은 너에게서 그것을 갖고 나면 너의 존재를 까맣게 잊어버린단다. 사랑이란 그런 게 아니지…."
자라는 훌쩍거리며 울고 있는 조개를 어루만지며 위로해 주었다.
"사람들이 살고 있는 세상이 그렇단다. 사람들은 누군가 자신을 좋아하면 그건 그가 자신을 사랑해서 그런 거라고 믿고 있지. 모두가 다 그런 건 아니지만 대부분의 사람들은 그에게 돈과 권세와 아름다움이 없어지고 나면, 그에 대한 마음도 시들어버리고 만단다."
"……"
나지막이 자라가 말을 건넨다.

"조개야, 네 진주를 좋아하는 사람을 바라보지 말고 너만을 진정으로 사랑하는 이를 찾아보도록 해 봐! 그때 너도 진정한 사랑을 느낄 수 있을 거야…."

조개와 진주의 차이점은
'사랑과 좋아함'의 차이와 같다.
누구를 좋아한다는 것은
조개 속에 있는 진주에 관심이 있다는 것과 같고,
사랑한다는 의미는
조개만 내 눈에 들어온다는 것과 같다.

9

새

하늘의 새들은 항상 노래한다.
기쁠 때는 기쁜 대로, 슬플 때는 슬픈 대로 노래한다.
그들의 언어가 노래로 들리는 건 새들에게 푸른 하늘과,
그들만의 여유로움이 있기 때문이다.

세상에는 항상 노래하는 사람들이 있다.
때론 사랑하는 사람을 잃을 때도 있고,
사람들로부터 이유없는 비난을 들을 때도 있지만,
그들은 항상 노래를 부르며 살고 있다.
노래를 부르다 두 뺨 위로 서러움의 눈물이 흐를 때도 있지만,
그들은 노래를 멈출 수 없다.
왜냐하면
그들에겐 저 푸르른 하늘에 소망이 있기 때문이다.

절망이 몰려와도
우리는 노래할 수 있습니다.

고향

머물 땐 떠나려 했고
떠나 있으니 돌아가고 싶은 곳.

가난이 지겨워 벗어났지만
삶이 버거워질 때마다 생각나는 곳.

당당한 모습으로 돌아가리라 다짐하고 나왔지만
늙고 추한 모습으로 돌아가 묻히는 곳.

눈을 감으면 언제나 저 만치서 다가오는
그러나 다가가려 눈을 뜨면 어디론가 사라지는 곳.

그곳이 언제나 우리의 마음속에 스며있는 고향이다.

11

망치와 못

한 건축가가 바다가 훤히 내려다보이는
언덕에 아름다운 집을 짓고 있었다.
그날도 망치는 신나게 못을 두들겨 댔다.
"뚝딱, 뚝딱…"
망치는 일하는 게 즐거웠다. 삶도 행복했다.
"사는 게 이런 거라면 한번 살아볼 만하지."
하지만 못은 하루하루가 괴로웠다.

"왜 내 운명은 이리도 기구한지 모르겠어. 눈만 뜨면 두둘겨 맞으니…."
그는 세상은 모순덩어리라고 생각했다.
그리고 고통만 당하는 삶이 무의미하게 느껴졌다.

망치의 두둘김이 멈추지 않고 계속되자 못은 더 이상 참을 수 없어 건축가에게 항의했다.

"때리는 망치도 밉지만 나를 망치에게 맞도록 내버려 두는 당신이 더 원망스러워요.
왜 나만 이렇게 두들겨 맞아야 하죠?
이건 너무 불공평해요."
투덜대는 못을 향해 건축가가 미소를 지으며 말했다.

"왜냐하면…, 이건 네 집이기 때문이야!"

얼마 후,
건축가의 말처럼 집이 다 지어지자 망치는 돌아갔고
못은 바닷가 언덕의 아름다운 집에 남게 되었다.
더 이상 망치에게 두들겨 맞지 않고,
멋진 집에서 안식을 누리며 못은 지난날을 회상했다.
'이런 날이 오리라고 상상도 못했는데….
이제 알겠어.
왜 내가 그렇게 고통을 겪어야만 했는지를.
이 아름다운 집에서 살기 위해서였어….'

12

마르지 않은 물

악이 가뭄에게 명령했다.
"이봐, 가뭄! 지금부터 온 세상의 모든 물 줄기를 말려버려라."
악의 명령이 떨어지자 가뭄은 세상 곳곳을 휩쓸고 다녔다.
모든 땅은 말라서 갈라지기 시작했다.
심지어 깊은 계곡의 물과 샘조차도 말라 버렸다.
사람들은 그 어디에서도 물을 얻을 수가 없었다.
선이 나름대로 노력을 해 보았지만 악의 힘은 강했다.
절망에 빠져 있는 선에게 악이 찾아왔다.

"어때, 너도 보다시피 너는 나에게 졌어."
"아직 포기하기는 일러. 혹시 그 어딘가에 마르지 않은 물이
있을지도 몰라."
"마르지 않는 물이 있다고? 웃기는 소리 하지 마!
온 세상은 지금 가뭄으로 폐허가 되었다구.
만약 네 소망대로 마르지 않은 물이 있다면
지금 당장이라도 이 가뭄의 저주를 풀어주겠다."

악은 선을 데리고 가뭄으로 황량해진 세상을 보여 주었다.
악의 말대로 정말 세상은 바짝 말라 있었다.
그 어디에도 물은 보이지 않았다.
선은 절망했다.

그때, 어디선가 여인의 울음소리가 들려왔다.
선은 악과 함께 울음소리가 나는 곳으로 갔다.
그곳에는 아기를 품에 안고 마당에서 울부짖고 있는
한 여인이 있었다.
"하나님, 우리 아기가 가뭄으로 죽어가고 있습니다, 오! 하나님 살려 주세요…."

그 순간 선과 악의 눈이 휘둥그레졌다.
왜냐하면 울부짖는 여인의 눈에서
눈물이 하염없이 쏟아지는 것이었다.

선이 입가에 미소를 띠우며 악에게 말했다.
"네가 아무리 이 세상의 물을 다 없애버려도 이 여인의 눈물을 마르게 할 수는 없어…."

악은 흐르는 여인의 눈물을 바라본 후 말없이 뒤돌아 갔다.

기다림

갈매기가 하늘을 휘돌고 있는 것은
낚아챌 물고기를 찾기 위함이며,
뱃사람이 먼 바다를 바라봄은
내일의 항해를 기다림이다.
기다림에는 힘겨운 오늘이 있다.
손에 잡혀진 것이 없고 어떠한 내일이 돌아올지 알 수 없는,
그래서 그만 날개를 접어 내려앉고 싶은 시간들….

하지만 나는 본다.
겨울의 찬바람을 맞으며 저 하늘을 날고 있는 갈매기가 힘차게
바닷물에 뛰어들어 물고기를 건져 오르는 모습을!
또 외로움을 뚫고 대서양을 향해 나아갔던 배가 만선의 깃발을
휘날리며 돌아오는 환희를!

밤은 어둠만 있는 것이 아니다.
미래를 바라보며 기다리는 이에게 밤하늘의 별은 빛나고 있다.
북두칠성, 전갈, 황소, 쌍둥이, 물병, 사자 별자리들이….

어미닭의 사랑

스스로 깨치고 나와야 한다.
사랑한다고 다 도와야 하는 건 아니지 않는가.
"내가 이토록 고통스러워하는 데 왜 지켜보고만 있는 거예요?"
원망한들 다 부질없는 것임을 살면서 알게 되리라.

스물 한 날이 차기도 전에 일찍 나오고 싶겠지만
조금만 도와주면 쉽게 껍질을 벗을 것 같지만
이 모든 짓이 너에게 해를 끼치는 것이니 어찌하랴.
"바라보는 어미의 심정을 헤아려 다오."

사랑하지만 도와서는 안 되는,
도와주고 싶지만 때론 지켜보는 것이 사랑임을 알기에
바라만 봐야 하는 마음을….
너의 처절한 몸부림이 이 어미의 마음을 갈기갈기 찢어놓고
있음을 알아다오.
내 하나뿐인 사랑아!

15

진정한 아름다움

해질 무렵, 바다를 둘러싼 산들이 마치 단풍이 든 것처럼
붉은빛으로 곱게 물들고 있었다.
사람들은 넋을 잃고 그 아름다운 자연을 바라보았다.
그 모습을 지켜보던 '불'이 '노을'에게 투덜대며 말했다.
"나도 모든 것을 붉게 만들 수 있는데, 왜 사람들은 나에게
아름답다고 말하지 않는 거지?"
노을은 고운 목소리로 불에게 말했다.
"네 말처럼 너도 모든 것을 붉게 만들 수 있지.
하지만 너와 나는 다른 점이 있단다."
"다르다니, 그게 뭐지?"

노을이 그의 주변에 있는 산과 하늘과 바다를 사랑스럽게
바라보며 말했다.
"너는 네 색을 내기 위해서 다른 것들을 희생시키지만,
나는 결코 그들의 색을 빼앗지 않아.
내가 돌아가고 나면 저들은 여전히 자신들의 아름다운 모습과
빛깔을 드러낼 거야.
불아, 네 속에 저들을 사랑하는 마음이 있니?
나는 저들을 사랑한단다. 진정한 아름다움은 상대의 모습과
빛깔을 파괴하지 않는, 사랑하는 마음에서 오는 거야…"

16

미지의 섬

저 멀리 그가 서 있다.
그곳엔 우리의 꿈이 있다.
그를 보고 있으면 숨막히는 현실도 헤쳐 나갈 수 있다.
그에겐 소망이 있기 때문이다.
사람들은 미지의 섬이란 존재하지 않는다고 했다.
나이를 먹어갈수록 그는 우리의 의식 속에서 점점 멀어져 갔다.

이렇게 서서히 잊혀져 가던 어느 날 그가 다가왔다.
"자, 일어나! 날개를 달고 나와 함께 가는 거야…."
"어디로?"
"네가 꿈꾸는 섬으로!"
우리는 안다.
그곳엔 부숴진 나무조각들이 해변에 널려 있고, 외로운 새들이 그 하늘을 맴돌고 있다는 것을….

하지만 나는 알고 있다.
그곳엔 생텍쥐베리의 어린왕자!
어린 시절 불렀던 친구들의 이름들이 있다는 것을.
세월이 흘러 회생한 추억들이….

17

장미꽃과 가시

그는 자신을 위해서 존재하지 않는다.
항상 타인을 위해서 존재할 뿐이다.
하지만 그는 평생 비난을 받으며 살다가 사라졌다.

이 세상에는 가시와 장미꽃과 같은 사람들이 있다.
가시처럼 오해와 비난을 받으면서도
누군가를 위해 살다가
쓸쓸히 눈을 감는 사람과,
자신만을 위해서 살고 있는 것 같지만
사람들로부터 부러움과 인정을 받고 사는 사람이
바로 그들이다.

오늘도 우리는 장미꽃 인생을 꿈꾸며 잠이 든다.

18

동상

비난과 조롱을 받는 건 사람뿐만이 아니다.
날아가던 새들도 비웃으며 그에게 배설물을 끼얹는다.
찬바람이 휘몰아치는 겨울이나 한여름의 열기 아래에서도
그는 벗겨져 있다.
그러나 그는 언제나 흔들림이 없다.

한 자도 안되는 손가락질에도 휘청대는 건 사람뿐이다.
그리고 그는 수많은 세월을 뜬눈으로 지새우고 있다.
그러나 그는 도시의 밤을 지키기 위해서 그러하지만,
사람은 맺힌 한을 풀지 못해 눈을 감지 못한다.
원수를 갚기 위해 평생 가슴에 칼을 품고 살아온 이들도 있다.

사람을 흠모해 사람이 된 그이지만,
풀잎보다도 더 바람에 흔들리는 우리네 인생을 안타깝게 바라보며 그는 말한다.

"세상을 살다 보면 당신을 모함하는 사람들이 있을 거예요.

그리고 당신이 원하고 꿈꾸는 대로 모든 일이 순조롭지만도 않을 거구요.
 하지만 낙심하지 마세요, 용기를 가지세요.
비바람이 지나고 나면 푸르른 하늘을 볼 수 있을 거예요.
그리고 그때 알게 될 거예요. 세상이 얼마나 아름다운지를….
제가 존경했던 사람들은
모두 다 그런 인생을 살았던 분들이었어요.
지금 제가 여기에 있는 건 바로 그런 분들 때문이에요."

그는 말한다.
"세상은 순조롭지만 않으며 우리를 뒤흔드는 힘겨움이 있다는 것을….
하지만 비바람이 지나고 나면 푸르른 하늘을 볼 수 있다고."

19

모래시계의 사랑

낭만적인 분위기를 좋아하던 모래가 그렇게 답답한 곳에
처박혀 살 줄 아무도 예상하지 못했다.
가슴이 탁 트이는 푸른 바다를 뒤로 하고 숨 한 번 제대로 쉴 수
없는 좁은 공간으로 가서 살겠다고 결정한 것은 단지 그 공간을
사랑하기 때문이었다.

그녀의 부모는 고생을 자초하는 딸을 붙잡았다.
"왜, 좋은 자리도 많은데 하필이면 직장도 변변치 않은
그 녀석이냔 말이야?"
그녀는 울고 있는 엄마에게 미소를 보이며 말했다.
"엄마도 다른 거 안보고 사랑하는 아빠를 선택했잖아요.
저도 영락없는 엄마 딸이라구요. 엄마, 걱정하지 마세요!
그 사람 가진 건 없어도 성실하고 착한 사람이에요.
그리고 그 어느 누구보다도 나에게 잘해 줄 사람이라구요."

사랑 때문에 정신이 나갔다고 비난을 들은 건 시계도 마찬가지
였다.

박력 있는 몸가짐으로 모든 이들의 부러움을 샀던 그가
그녀를 받아들이기 위해 어느 날 두 팔을 잘라버렸다.
그것은 그녀가 거처할 공간을 마련하기 위해서였다.
한 친구가 걱정이 가득한 얼굴로 그에게 물었다.

"네가 지금껏 아끼고 좋아하던 두 바늘을 그렇게 버리고
어떻게 살아가려고 그러는 거야?"
그러자 머리를 긁적거리며 그는 말했다.
"나 하나 바라보고 온 여자인데, 너무 좁아서….
넓은 바다에서 살던 여자라 이것도 답답할 거야.
내가 그녀를 위해 해줄 수 있는 것은 이것뿐이야."

그렇게 그들은 한 가정을 이루기 위해 자신의 것들을 포기하고
모래시계가 되었다.

배와 강

배 한 척이 눈물을 흘리고 있었다.
그 모습을 바라보던 강이 배에게 물었다.
"왜 그렇게 울고 있니?"

배가 강에게 말했다.
"사람들은 매일 부모와 형제, 그리고 사랑하는 이들을 만나러 가는데 정작 이들을 태워 주는 나는 만날 사람도 갈 곳도 없어. 나는 지금 무엇을 위해 살며 어디를 향해 나아가는 것일까?"

고개를 떨구고 슬퍼하는 배를 강은 사랑스럽게 어루만지면서 말했다.
"내 주변에 수많은 물고기들이 저마다 서로 사랑하며 살고 있지. 하지만 나도 너처럼 외롭게 살고 있단다.
그런데 나는 오늘 알았어. 내가 혼자가 아니라는 사실을.
나와 같은 고민을 하는 이가 있었어. 서로를 이해하고 의지할 수 있는 이가 가장 가까이 있었던 거야."
그리고 강은 사랑스런 눈빛으로 배를 바라보며 속삭였다.

"그건, 바로…, 너였어!"
그래서 그들은 서로를 위로하며
지금까지 함께 살아가고 있다.

21 ✎

바다의 영혼

바다가 사람을 사랑했다.

바다가 사랑하는 사람들이 살고 있는 육지는 썩은 냄새가 진동하는 폐허와 같았다.

바다는 가슴이 무너져 내렸다. 그래서 사람들이 살고 있는 세상에 들어가 함께 살기로 했다.

하지만 자신의 모습으로는 육지에 들어갈 수 없다는 사실을 알게 되었다. 오랜 시간을 고민하던 바다는 자신의 영혼을 사람들에게 주어야겠다고 결심했다.

몇 날을 고통 속에 신음하며 바다는 자신의 하얀 영혼을 육지에 쏟아 내었다. 아무것도 모르는 사람들은 눈꽃송이처럼 어여쁜 바다의 영혼을 가져다가 썩은 폐허 위에 뿌리기 시작했다. 놀랍게도 세상은 예전처럼 흉한 냄새가 나지 않았.

사람들은 달라진 세상의 모습에 기뻐하고 좋아했다. 그러나 아무도 그것이 바다의 영혼이라는 것을 알지 못했다.

바다가 사람을 사랑했다.
사랑하는 이를 위해 자신의 영혼을 베푼 한 없는 그 사랑….

22

마음과 모래

어느 날 마음이 모래를 찾아갔다.
"모래야, 너는 어쩌면 그렇게도 부드럽고 희니?
어떻게 하면 나도 너처럼 될 수 있을까?"

잔잔한 미소를 머금고 모래가 말했다.
"나는 날마다 내 자신을 저 바닷물에 씻는단다. 그리고 나는 다른 흙들처럼 내 자신의 자리가 없어. 바닷물에 쓸려갔다 밀려들기를 끊임없이 반복하며 살고 있지. 처음에는 내 살덩어리가 떨어져 나가 의식을 잃기도 했단다."

모래는 사랑스런 목소리로 마음에게 속삭였다.
"마음아, 너도 나처럼 날마다 네 속에 있는 욕망을 씻어 내 봐. 그리고 네 아집을 네 속에 간직하며 살아간다면 나처럼 부드러워질 수 없어. 밀려드는 저 파도에 네 모난 자아를 맡겨 봐, 비록 피가 나고 살이 떨어져 나가는 아픔이 있을지라도….
원래 아름다운 마음이란 세상 풍파를 수없이 겪은 이들의 것이란다."

23

희망이라는 배

한 사내가 깊은 한숨을 쉬며 바다를 바라보고 있었다.
그런데 그가 찾은 바다는 그의 삶의 현장처럼 황량한 사막으로
변해 있었다.

그의 심정은 착잡해지기 시작했다. 그 갯벌에는 불어오는 바람과, 간혹 바닷개들만 오고갈 뿐이었다.

그곳에 배 한척이 있었다.
실의에 찬 사내가 배에게 말을 건넸다.
"이곳에서 혼자 뭐하고 있는 거니?"
배는 신념으로 가득 찬 목소리로 말했다.
"비록 지금은 이렇지만 언젠가 바람이 불어오면 나도 저 미지의 섬으로 항해할 거예요."

사내는 입가에 옅은 미소를 지었다.
"누구든 너처럼 소망을 갖지. 하지만 그건 다 부질없는 짓이야."
"부질없다니, 그게 무슨 말씀이세요?"
"희망이란 우리의 삶의 시간만을 갉아먹는 좀벌레와 같은 거야. 결국 기다림으로 너도 곧 지치게 될 거야, 나처럼…."
"그렇지 않아요. 나는 믿어요, 희망은 거짓말을 하지 않는다는 사실을."

얼마 후, 배의 말처럼 밀물 때가 되자 황량했던 바다는 힘찬 물결로 넘실거렸다.
그러자 배는 자신이 그렇게도 소망하던 그 섬으로 항해하기 위해 돛을 높이 올렸다.
그리고 떠나기 전 사내를 향해 말했다.

"어차피 이 세상은 밀물 때가 있으면 썰물 때가 있는 거죠. 모든 것이 끝인 것 같고 절망적인 환경만이 내 주위를 감싸고 있을 때, 한 가지 잊지 말아야 할 것이 있지요. 그건 바로 '희망'이라는 두 글자!"

24. 장갑과 손

어느 날 손이 장갑에게 말했다.
"고마워, 친구야! 나를 따뜻하게 해 주고 보호해 줘서."
"고맙긴, 그냥 해야 할 일을 했을 뿐인데 뭘."

세월이 흘러 어느덧 장갑은 늙고 병들었다. 오랜 세월을 동고동락하며 함께 지내온 손이 장갑을 떠나보내며 흐느꼈다.
"나를 위해 희생만 하다가 이렇게 가야 하다니…. 너를 볼 면목이 없구나, 마지막으로 너를 위해 해 줄 수 있는 일이 있을까?"
"그렇게 미안해 할 것 없어. 부탁이 있다면, 너도 나처럼 다른 사람들을 대해 주었으면 해. 추위에 떨고 있는 이웃이 있으면 따뜻하게 잡아주고, 연약한 사람은 보호해 주는 그런 손이 되어 주길 바랄 뿐이야."

마지막 말을 남기고 장갑은 평화로이 눈을 감았다.
손은 가슴이 찢어지는듯 아팠다. 그리고 장갑이 마지막으로 남긴 말을 되새겨 보았다.
손은 지금까지 장갑처럼 다른 이들을 따뜻하게 대해 주고 보호해 주기보다는 밀치고 빼앗는 일을 더 많이 해 온 자신의 모습을 발견하게 되었다.

25

빵굽는 사람

매일 새벽이면 에드워즈 거리는 빵 굽는 냄새가 진동한다.
"방금 구운 빵으로 하나 주세요!"
보통 그 시간이면 진열된 빵도 따뜻하지만 안쪽 오븐에서 꺼낸 빵 맛만 못하기에 나는 늘 방금 꺼낸 빵을 주문한다.
빵을 받아들면 집에 도착하기도 전에 냄새에 홀려 절반쯤 먹고 만다.
'역시 밥이든 빵이든 따뜻할 때 먹는 게 최고야.'
집에 도착해서 커피 한 잔과 곁들여 먹으면 고급 레스토랑이 부럽지 않을 정도로 환상적이다.
이렇게 빵 하나로도 삶의 낙을 누릴 수 있다는 것이 놀랍고 신기하다.

그런데 정말 신기한 건 이 빵 냄새다.
빵 집에서 구운 냄새가 온 마을을 뒤덮일 정도니 대단하다 싶다.
뿐만 아니라 최고급 향수로도 그 빵 냄새를 능가할 수 없을 정도이니 내게는 신비 그 자체일 수밖에 없다.
나는 어린 시절부터 빵을 굽고 살아온 그에게 물었다.

"어떻게 하면 이렇게 향기로운 빵을 만들 수 있죠?"
그런데 오히려 그가 다시 내게 질문을 했다.
"가장 좋은 빵을 만들기 위해서 어떻게 해야 하는지 아는가?"
"글쎄요. 좋은 재료를 사용하는 게 제일 중요하지 않을까요?"
하며, 조심스럽게 얘기하는 나에게 그가 말했다.

"재료와 기술도 중요하지만 그보다도 빵 굽는 사람의 성실성이 중요하지. 세상에서 가장 향기로운 향수가 새벽녘 발칸반도의 장미에서 채취되듯 향기로운 빵 또한 이른 새벽을 깨우는 사람을 통해 만들어지는 걸세. 이거 아나, 빵도 사람을 알아본다는 걸? 누가 마음을 다해 자신을 굽고 있는지 말이야."

그는 웃으며 말했다.
"향기는 빵에서 나오는 게 아니라 만드는 사람에게서 나오는 걸세. 하하하!"

26

참된 사랑

한창 열애중인 남녀에게 서로를 어떻게 생각하느냐고 물었다.
그들은 핑크빛 음성으로 말했다.
"보아도 또 보고 싶고, 돌아서면 다시 만나고 싶어요!"

이번에는 한 학생에게 친구가 좋으냐고 물어봤다.
그러자 그 학생은 새끼손가락을 내보이며 흥분한 목소리로 힘주어 말했다.
"그걸 말이라고 하세요? 우리는 앞으로 서로 결혼을 한 뒤에도 옆집에서 살기로 약속했어요. 우린 평생 함께 붙어다닐 거예요."

마지막으로 부모들에게 자녀들을 얼만큼 사랑하느냐고 물었다.
그들은 아무 말도 하지 않고 가슴이 아프다고 했다.
그리고 시커멓게 타버린 가슴을 보여 주었다.

세월이 흘러, 보아도 또 보고 싶고 돌아서면 다시 만나고 싶다던 연인들은 맥빠진 목소리로 이야기했다.

"그건 한때 불장난이었어요. 불이 꺼지자 뜨거웠던 마음도 시들어지더라구요."
또 평생 친구로 함께 하겠다던 이에게 지금 그렇게 살고 있느냐고 물었다. 그러자 그는 한숨을 내쉬며 말했다.
"결혼을 하고 나니, 내 뜻대로 되질 않더라구요. 그리고 지금의 추한 우리 형편을 보이고 싶지 않아요. 예전에는 함께 있는 것만으로 좋았는데, 지금은 서로 비교가 돼서…."

그들은 모두 세월이 많이 변했다고 했다.
서로를 예전처럼 생각할 수 없도록 말이다.

나는 안다.
진정한 사랑은 보고 싶은 눈으로 말미암지도, 손가락을 거는 약속도 아닌, 서로간의 마음으로 하는 것임을…. 그리고 아픈 가슴으로 하는 것임을…!

두 번째 이야기

지혜, 자기계발에 대하여

1

소렐의 고목

모두가 떠나갔다.
하지만 나무와 꽃과 지저귀던 새들, 그들은 함께 있었다.
그런데 언제부터인가 하나 둘 떠나기 시작했다.
그건 그의 몸이 야위어 갔을 때부터였다.
어찌보면 오히려 지금 그의 곁에 그들이 더 필요하건만,
그들은 그곳에 가길 원치 않는다.
그곳엔 힘겨움이 있기 때문이다.

우리를 슬프게 하는 건 그의 죽음이 아니라
우리의 병든 영혼이다.
외로움에 지친 그는 푸르름을 잃어버렸다.
모두가 떠난 소렐의 언덕 위에 회색 유령처럼….

이젠 그도, 우리도 왜 그가 거기 있어야 하는지 알 수 없다.
그는 홀로 있을 뿐이다. 모두가 그는 죽었다고 했다.
그러나 게으른 아침에 눈을 떠 보면 여전히 거기 있었다.
그는 살아 있는가? 아닐 테지….
그는 결코 목숨을 스스로 끊지 않는다.
비록 희망이 사라진 삶일지라도….

2

지팡이의 고백

저는 오랜 세월 세상 풍파를 겪어온 마른 막대기입니다.
비록 나이가 들어 무릎뼈가 튀어나오고 허리가 휘었지만 보기보다 무척 단단하답니다. 아무리 내동댕이쳐도 끄떡없지요.

예전에는 비바람이 두려웠답니다. 언제 쓰러질지 모르는 불안감이 제 마음을 사로잡았으니까요.
하지만 이제 두렵지 않습니다. 비가 오나 바람이 부나 저는 더 이상 흔들림 없이 이렇게 굳건히 서 있답니다.
그러고 보니 가뭄도 그렇군요.
전에는 조금만 가뭄이 들어도 뼛속까지 타들어가는 갈증을 느꼈었는데 이젠 사막 한가운데 내던져져도 두렵지 않답니다.
무엇보다도 가장 자랑스러운 건 제 주인은 저 없이는 한 걸음도 내딛지 않으려고 하신다는 거죠. 그만큼 저를 믿고 신뢰한다는 의미겠지요.
지금껏 오랜 세월을 살아왔지만 지금처럼 가슴 뿌듯한 적은 없었답니다. 왜냐하면 제가 가장 흠모하던 그분의 손에 쥐어져 있으니까요.

이제 저는 지난 과거를 그리워하지 않습니다. 그저 한낮의 꿈이었거니 생각하죠. 철없던 시절의 몽상이랄까….

왜 그런지 그때는 여느 나무들처럼 높이 솟구치고만 싶었어요. 높지 않으면 다른 이들의 관심을 받을 수 없다는 불안감과 초조감도 한몫했구요.

그러던 어느 날 가장 높은 곳에서 땅으로 곤두박이쳐졌고, 내 자신이 예전에 가졌던 화려함이 하나하나 벗겨지더라구요. 또한 내가 땅바닥에 떨어지자 어느 누구도 나에게 관심을 가지려고 하지 않았지요.

그때 저는 알았습니다. 그래서 모두가 그렇게 하늘 높이 솟구치려고 몸부림친다는 것을.

"많이 힘들었겠군요?"

그래요. 처음에는 무척 힘들었지요. 시간이 지나면서부터 차츰 깨닫게 되었어요. 떨어진 그 자리에서 새로운 삶을 시작해야 한다는 것을.

"어떻게 새로운 삶을 얻게 되었지요?"

"기다림이에요."

"기다림이라구요?"

그래요. 떨어진 뒤에 곧장 새로운 기회가 주어지진 않아요. 어찌 보면 지금껏 살아왔던 시간들보다도 더 고독한 순간들을 비바람 속에 보내야 해요. 그 순간이 더 힘든 건 전에는 함께 비바람을 맞을 이가 있었지만 지금은 철저하게 혼자라는 겁니다. 벗겨진 몸뚱이는 흙먼지를 뒤집어 쓴 채 바람에 이리저리 끌려 다녀야 하죠.

"언제 그 고통의 시간이 끝나는 겁니까?"
고통은 끝나는 것이 아니라 채워져야 하는 거죠. 과거에 높아지려고만 하던 욕망과 모든 이들의 관심을 받으려고 하던 헛된 소망이 사라지고, 단지 내 안에 내가 존재하지 않은 마른 막대기가 되는 순간까지 그 시간을 채워야 해요. 그때 비로소 주인의 손에 쓰임받는 지팡이가 되는 거죠.
"그래, 지금은 행복하십니까?"
"물론이지요."
주인의 손에 쓰임받는다는 것은 가장 큰 행복입니다.
왜냐하면 제가 존경하고 흠모하는 그분이 저를 의지해서 평생을 동행한다는 것이니까요. 전에는 빈 마음으로 모든 것을 버린다는 것이 이렇게 행복한 줄 몰랐습니다.
그런데 말입니다. 지금은 알아요. '떨어짐은 끝이 아니라 참된 삶의 시작이라는 것'을요. 떨어짐은 곧 진정한 자아를 발견하고 새로운 삶을 시작할 수 있는 출발점이니까요⋯.

3

행복한가

풀에게 물어보았다.
"행복하냐고?"
"흙에 파묻혀 있지 않고 하늘을 향해 두 팔을 뻗고 있는
저 나무가 되었으면 좋겠어."

나무에게 물어보았다.
"행복하냐고?"
"한평생 한곳에서만 살아야 하는 내 신세가 답답하고 처량해.
자유로이 날아다니는 저 새가 되었으면 좋겠어."

새에게 물어보았다.
"행복하냐고?"
"평생을 떠돌아다니는 것에 지쳤어. 방황하는 삶은 고달퍼."

그래서 인생에게 물어보았다.
"삶이란 무엇이냐고?"
"삶이란 쉼없이 갈망하다가 가장 낮은 곳으로 돌아가는
흙일 뿐이야…."

우리는 행복해지기 위해 쉼없이 달려간다. 그러나 인생의 끝에
섰을 때 결국 깨닫는다.

4

둥근달

나는 비었는데 저 둥근달은 꽉 차 있다.
달은 언제나 충만하다.
무엇으로 채워야 저 달처럼 될 수 있는가?
항상 넉넉하게 채워져 보이는 달이 부러웠다.
비록 작은 몸뚱이지만 나도 저 달처럼 가슴 만큼은
넉넉하게 살고 싶었는지도 모른다.

얼마쯤 걸었을까…,
나는 가던 길을 멈추었다.
그리고 다시 고개를 들어 조용히 달을 바라보았다.
아까와는 다른 달의 모습이 내게 들어왔다.
달의 빈 모습이었다. 그건 분명 비워진 모습이었다.
달은 항상 비워져 있다. 그게 바로 달이 충만한 이유이다.
우리는 얼마나 많은 근심과 욕망을 채우고 있는가?
채울수록 공허해져만 가는 우리네 삶!

이제 나는 안다.
비움만이 우리 인생을 저 달처럼 넉넉하게 만들 수 있다는 것을.
무엇을 채움으로 충만해지는 것이 아닌 비움으로 항상 채워진 다는 사실을….

5

수수께끼

동물학교에서 교사인 부엉이가 학생들에게 수수께끼를 냈다.
"여러분, 제가 문제 하나를 내겠습니다."
모든 동물들은 숨을 죽이며 부엉이를 쳐다보았다.
"……"
부엉이는 목소리를 가다듬고 천천히 말하기 시작했다.
"이것은 몸집이 매우 작습니다. 그러나 이것에서 세상에서 가장 고통스러운 것과 가장 달콤한 것을 얻을 수 있습니다."
성질 급한 멧돼지가 코를 벌름거리며 대답했다.
"몸집이 작다면, 그건 바로 개미입니다."
그러자 옆에 있던 얼룩말이 멧돼지를 꼬리로 툭 쳤다.
"이 어리석은 것아, 개미는 작지만 달콤한 것 하고는 상관이 없다구."
모두가 어리둥절해 하자 부엉이가 정답을 말해 주었다.
"그것은 바로… 벌입니다."
그리고 진지하게 다음과 같이 말을 이었다.
"여러분들이 세상에서 행복을 얻고 싶거든 가장 고통스러운 곳을 찾아가세요…."

6

불과 나무

어느 날 모든 것을 삼켜 버리는 불이 나무를 찾아왔다.
"안녕, 나무야! 잘 지냈니?"
나무는 불이 다가오자 놀라서 소리쳤다.
"이리 가까이 오지마! 나는 너와 가깝게 지내고 싶지 않아."
불은 마음이 상했다.
"왜 나를 멀리하지?"
"너는 우리 나무와 숲을 삼켜 버리는 못된 성격이잖아."

그러자 불이 나무에게 말했다.
"나를 비난하지 마! 나도 너와 똑같아.
네 안에 내가 있다는 걸 모르니?"
"내 안에 네가 있다고?"
"그래, 숲을 삼켜 버리는 건 내가 아닌 네 속에 존재하는 불이야…."
그리고 불은 맞은 편에 놓여 있는 바위를 가리켰다.
"오랜 세월 동안 이 숲을 지키고 있는 저 바위를 봐!
저 안에는 내가 없어. 나는 오직… 네 속에서 나오는 거야."

그러나 세월이 흘러도 나무는 자기 속에 있는 불을 버리지 못하고 숲을 태우고 있었다.

빛깔

모두가 푸른색이다.
그러나 떨어지는 것에는 빛깔이 있다.

낙엽은 저마다 단풍 옷을 입고 본향으로 돌아간다.

세월이 흐른다는 건 그만큼의 나이를 먹는다는 것이지만, 슬프지만 않은 것은 삶의 댓가로만 얻을 수 있는 향기로운 빛깔을 소유할 수 있기 때문이다.

아! 우리는 내일 어떤 빛깔의 옷을 입고 그리운 고향으로 돌아갈거나….

모두가 푸른 색이다.
그러나 떨어지는 것에는 빛깔이 있다.

8

눈과 꽃

떨어지는 건 꽃만이 아니다.
저 하늘에서 눈들도 땅으로 향하고 있다.
하지만 지는 것과 내리는 것은 다르다.

꽃들은 떨어져 지지만,
저 하늘의 눈들은 내리면서 피어난다.

이 세상에는 다른 인생을 살아가는 사람들이 있다.
떨어지면서 지는 사람과 내리면서 피어나는 사람!

나는 소망한다.
화려한 꽃처럼 피었다 추하게 지는 인생이 아닌,
비록 지금은 삶이 고달프지만
후일에 웃으며 피어나는 저 하늘의 눈이 되고 싶다.

소나기

가랑비는 옷을 적시지만
소낙비는 가슴을 적신다.
우리의 마음속에는 여러 소리가 있지만
소나기가 내리면 천지가 고요하다.

세상사가 소낙비와 같다.
작은일이 생기면 잔걱정으로 잠을 설치지만
큰일이 벌어지면 오히려 편안하다.
편안하다는 건 마음을 비웠다는 의미이다.

집착을 버리면 하늘이 열린다.
그때부터 소나기는 은혜의 단비로 내리기 시작한다.

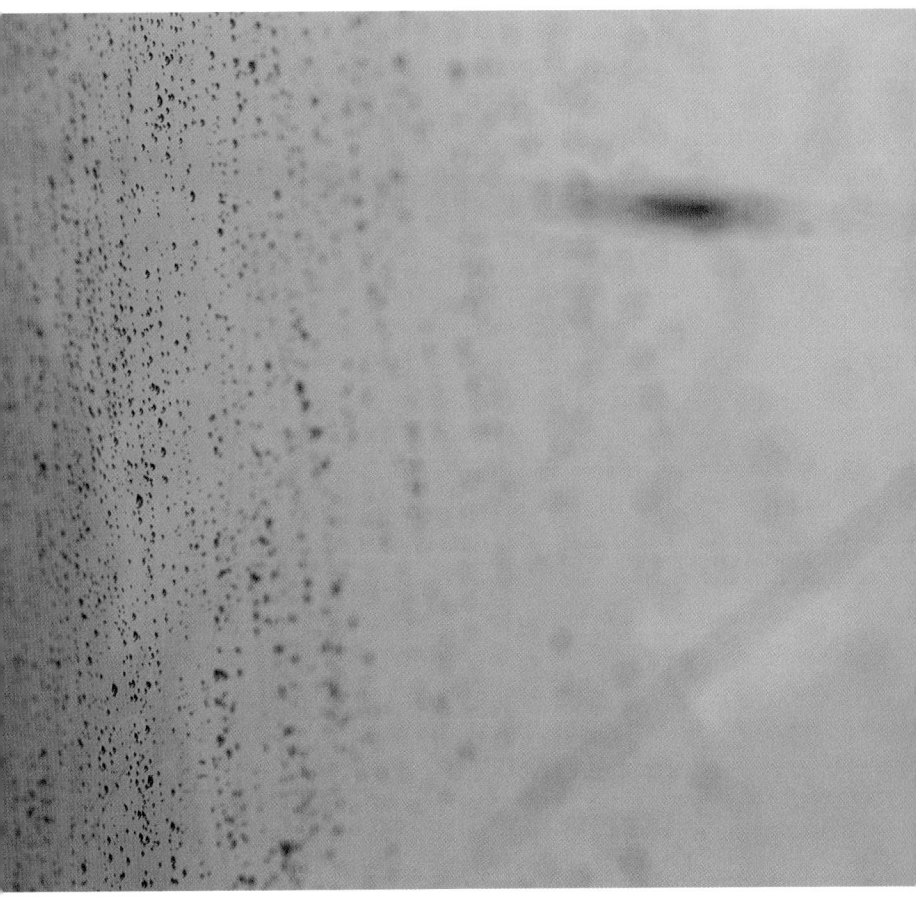

10

노예와 쇠사슬

평생을 노예들의 두 다리를 묶는 일을 해온 쇠사슬이 있었다.
그날도 잡혀 온 노예를 도망치지 못하도록 쇠사슬은 노예의
다리를 휘감았다.
노예는 죄어오는 아픔에 신음했다.
노예의 두 눈에서 눈물이 흘러내리고 있었다.
'보고 싶어, 사랑하는 가족들을!'
그 모습을 바라보던 쇠사슬은 고민하기 시작했다.
'나는 평생 이렇게 살아야만 하나….'

잠시 후, 고민하던 쇠사슬은 용기를 내어 고통스러워하는
노예의 두 다리를 풀어주었다.
"미안해요, 고통스럽게 해서. 이제 그만 사랑하는 가족의
품으로 돌아가세요."
자유를 얻은 노예는 기쁨의 환호성을 지르며 쇠사슬에게
말했다.
"고맙네, 나에게 자유를 준 자네의 은혜는 평생 잊지 않겠네."
노예는 부모 형제가 기다리는 고향을 향해 뛰어갔다.
기뻐하는 노예의 뒷모습을 바라보던 쇠사슬은 가슴이 벅차
올랐다.
'고마워요. 당신이 나를 자유롭게 했어요!'

11 자유의 여신상

전쟁의 총성이 세계 곳곳에서 들려왔다.
사람들은 끊임없이 죽고 죽였다.
이제 그들은 더 이상 버틸 힘이 없었다. 고통과 눈물이 없는 참 자유로운 세상에서 살고 싶었다. 조급한 마음으로 그들은 자유의 여신상을 찾아갔다.
'자유의 여신이여, 우리 인류에게 자유와 평화를 주소서.'
그리고 그들은 간절히 부르짖었다.
'고통스러운 이 세상에서 더 이상 살아갈 수 없습니다.
우리를 도와주세요.'

기도를 마친 그들은 기대감에 부풀어 집으로 돌아갔다.
그리고 기다렸다. 자신들의 소원이 이루어지길….
그러나 전쟁과 억압은 계속되었다.
분노한 사람들은 자유의 여신상에게 다시 찾아가 항의했다.
'그렇게 자유와 평화를 달라고 부탁했건만,
왜 우리의 기도를 들어주지 않는 거요?'

한숨을 내쉬며 자유의 여신상이 대답했다.
"내 안에 자유와 평화가 없는데 어떻게 당신들에게
'자유와 평화'를 줄 수 있겠소?"

12

그림자

따스한 햇살이 내리는 해변을 걷고 있었다.
깊은 생각에 사로잡혀 한참을 걷고 있던 중 누군가
나를 뒤따르는 인기척을 느껴 고개를 돌려 보았다.
그건 바로 다름 아닌 나의 그림자였다.
나는 신경질적인 목소리로 그에게 말했다.
"왜, 나를 따라다니는 거지?"
그의 목소리는 거의 베이스였다.
"나는 너의 영혼이기 때문이야."
"영혼이라고?"
"그래. 너에게 있지만 너의 것이 아닌…, 네가 소유할 수 없는
존재! 평소에는 네 속에 있지만 가끔 네 몸 밖으로 고개를 내밀
기도 하지."
섬뜩한 마음이 들었다. 조심스레 재차 그에게 물었다.

"나에게 무슨 할 말이라도 있니?"
그러자 그는 진지하게 이렇게 말했다.
"내가 네 것이 아니듯 네 인생도 네 것이 아니야. 네가 하고 싶은
대로 막 살아서는 안되는 거지. 언젠가 나는 네 곁을 떠나게 될
거야. 그때는 네 인생도 마지막이 될 거고. 그러니 남은 삶 동안

네 속에서 들려오는 소리를 놓치지 말고 들어주길 원해. 너를 사랑해서 들려주는 나의 목소리를…. 그게 진정한 네 목소리이기도 하지."
"내 목소리라고?"
"그래, 네 목소리! 누구든지 이 세상에 나올 때 하나님으로부터 받은 말씀을 지니고 태어난단다. 하지만 살아가면서 사람들은 외부의 소리를 듣게 되지. 그리고 차츰 그 소리에 적응이 돼 얼마 있지 않아 그것을 자신의 소리라고 착각한단다. 그리고 방황하기 시작하는 거야. 참된 자신을 잃어버린 채 말이야."

그의 목소리는 진지함으로 떨리고 있었다.
"인생의 진리를 깨달은 사람들은 저마다 자신의 소리를 들을 수 있는 사람들이란다. 만약 네가 네 속에 있는 네 목소리를 듣게 된다면 방황하지 않고 참 평안을 느낄 수 있을 거야.
하지만 쉽지는 않지. 왜냐하면 이 세상에는 참된 자신을 찾지 못하도록 방해하는 소리가 많기 때문이란다."

그리고 그는 서서히 사라졌다.

까마귀의 항변

너는 나를 보지 않았다.
한번도 나의 진짜 모습을 보려 하지 않는다.

너는 언제나 나 아닌 나를 본다.
그건 분명 네 안에 있는 분노였다.

왜 내가 너로 인해 나 아닌 타인으로 불리어져야 하나?

왜 나의 삶은 언제나 너의 증오로 인해
신이 주신 고귀함이 망가진 채 출발되어야 하느냐 말이다.

너는 나를 보지 않는다.
한번도 나의 참된 모습을 보려 하지 않았다.
언제나 그렇게 너의 추악한 죄악의 눈빛으로
나를 더럽힐 뿐이다.

14

발자국

나는 과연 누구인가?
우리의 인생이란 무엇인가?

고민하며 해변가를 걷다가 나는 그에게 물었다.
"너는 누구지?"
그러자 그가 대답했다.
"나는 너야!"
"……?"

밀려드는 바닷물결에 사라져 가며 그가 말했다.
"이 땅에 무언가를 남겼다고 생각될 때 불현듯 사라지는 인생, 그게 바로 너야!"
그리고 그는 말했다.

"인생은 풀과 같고 그 영화는 풀의 꽃과 같다고…."

15

보이지 않은 손

바람은 느낄 수 있지만,
어디에서 와서 어디로 가는지 볼 수 없다.
어떤 때는 부드럽게 다가오지만,
어떨 때는 폭군보다 더 거칠다.

비는 혼자 오지 않는다.
항상 구름과 함께 동행한다.
하지만 그 구름은 바람이 이끄는 대로 떠돈다.

때론 우리네 인생도 사는 것 같은데
지금 내가 무엇을 위해 살고 있는지,
그리고 어디로 가고 있는지 알지 못할 때가 있다.
솜사탕처럼 사는 게 달콤할 때도 있지만,
산보다도 더 무거운 인생의 무게를 느낄 때도 있다.

삶은 홀로 존재하지 않는다.
항상 사람과 함께 만들어진다.
하지만 인생은 보이지 않는 손이 이끄는 대로 나아간다.

16

학살

전쟁은 온 세상을 두려움으로 떨게 만들었다.
무고한 피를 뿌렸고 사람들은 왜 죽어야 하는지 알지도 못한 채
하나 둘 쓰러져 갔다.

전쟁을 일으킨 히틀러에게 물었다.
"왜 선량한 사람들을 죽음으로 몰고 가는 전쟁을 일으키는 거요?"
광기어린 두 눈을 부릅뜨며 그가 대답했다.
"위대한 조국을 위해서!"
"그렇다면 왜 전쟁의 승패와 상관없는 무고한 유태인들을
학살하는 거요?"

그러자 그가 인상을 찌푸리며 대답했다.
"나는 그들이 싫어!"
"그 이유가 전부요?"
"그래, 나는 그들을 보기만 해도 구역질이 난다구."

이제 나는 안다.
우리도 지금 이 순간 누군가를 학살하고 있다는 것을….

17

열린문과 닫힌 문

어느 성에 '열린문'과 '닫힌문'이 있었다.

자신의 문을 사람들을 위해 개방하는 열린문에게
어느 날 지나가던 여우가 물었다.
"너는 왜 항상 문을 열어놓고 있는 거니?"
열린문이 미소를 지으며 말했다.
"내가 문을 닫으면 사람들이 마을로 들어갈 수 없잖아. 사랑하는 이웃들도 만날 수 없고…."
여우의 마음은 따뜻해졌다.
뿌듯한 가슴을 안고 닫힌문으로 향했다.
닫힌문 가까이 다다르자 여우는 썰렁한 기분을 느꼈다.
닫힌문 근처에는 사람의 그림자라곤 찾아볼 수 없었다.
인상을 쓰며 자신을 쳐다보는 닫힌문에게 여우가 물었다.
"왜 너는 사람들이 지나다닐 수 없도록 항상 문을 닫아놓고 있는 거니?"
닫힌문이 귀찮다는 듯 신경질을 내며 말했다.
"나는 소란스러운 건 딱 질색이야. 내가 문을 열면 사람들이 시끄럽게 지나다닐 거라구…."
닫힌문은 더 이상 말하고 싶지 않다는 듯 고개를 돌렸다.

그러던 어느 날 성안에서 폭동이 일어났다.
가난한 백성들을 착취하고 가뭄으로 먹을 것이 없는 백성들에게 식량을 나누어주지 않은 욕심 많은 성주를 향한 항거였다.
백성들은 성주를 죽이고 그의 곡간에서 식량을 탈취하여 열린문으로 지나가려고 했다.
하지만 한꺼번에 많은 사람이 지나가기엔 열린문 하나만으로는 부족했다.
그때 사람들은 닫힌문으로 가서 굳게 닫힌 문을 부수기 시작했다.
얼마 지나지 않아 닫힌문은 산산조각이 났다.

이 모습을 지켜보던 여우가 말했다.
"그러게 남을 위해 자신의 문을 열지 않으면 결국에는 부서지게 돼 있어. 그게 바로 문이야…."

18

생명의 가치

긴 혀를 날름거리며 보기에도 징그러운 뱀이
열심히 꿀을 모으고 있는 벌을 찾아왔다.
"어이, 친구! 잘 지내는가?"
하지만 벌은 대꾸도 하지 않고 묵묵히 일만 할 뿐이었다.
뱀이 능청을 떨며 말했다.
"이봐, 왜 그래? 자네와 난 공통점이 있지 않은가. 그러지 말고 우리 친하게 지내도록 하세."
"뭐라고, 너와 내가 닮은 게 있다고?"
"물론이지. 자네와 내게는 사람들에게 치명적인 해를 입힐 수 있는 침과 독이 있지 않은가? 그러니 우린 같다는 거야."

그러자 벌이 한심스럽다는 듯 뱀을 쳐다보았다.
"그런 어리석은 말 하지 마! 나는 내 목숨을 내 놓고 침을 일생에 단 한 번 사용하지만, 너는 시도 때도 없이 사람들을 물어대잖아. 그런데 어떻게 너와 내가 같을 수 있다는 거야?"

뱀이 코웃음을 치며 말했다.
"웃기지 마! 한 번이든 열 번이든 상처를 입히는 것은 마찬가지 아니겠어?"

긴 한숨을 내쉬며 벌이 답변했다.
"내가 말하고 있는 것은 횟수가 아니라 생명에 대한 자세를 이야기하고 있는 거야. 너는 생명이 얼마나 귀한 것인지 알지 못해. 피치못할 사정으로 남에게 해를 입힐 때는,
자신의 생명을 내놓을 만큼 절박한 상황이어야 해.
네가 죽지 않는다고 남에게 독을 남용하는 것은 죄악이야."
간사한 눈동자를 이리저리 굴리고 있는 뱀을 등지고 날아가며 벌이 말했다.

"남이 죽을 때 나도 죽는다는 것을 알 때 진정한 생명의 가치를 알게 되는 거야."

죽음

가장 멀리 서 있으면서도
가장 가까이에서 기다리고 있는 그!

모든 것을 가지고 가려고 하는 우리에게
그것들은 원래 너희의 것이 아니었으니
미련을 버리고 따라오라고 손짓하는 그!

언젠가는 가야 하지만
내일은 아닐 거라고 생각하며 오늘 밤을 자는 우리들!

그런 우리들을 흔들어 깨워서 인사도 없이 데려가는 그!

그가 바로 얼굴없는 죽음이다.

산과 빙산

많은 사람들이 산을 찾아갔다.
산을 오르던 한 사람이 흥분된 목소리로 말했다.
"나는 푸르름이 좋아요, 내가 산을 찾는 이유는
이 푸른 나무 때문이지요."

그러자 옆에 있던 다른 한 사람이 한마디 거들었다.
"나는 아름다운 꽃을 보기 위해 이 산을 찾지요.
정말 이 산은 화려해요."

사람들의 사랑을 받고 있는 산은 어느 날 남극을 찾아가게 되었다.
남극에 도착한 산은 자신처럼 거대한 빙산을 만나게 되었다.
"너는 누구냐?"
자신을 알아보지 못하는 산에게 다소 실망했지만,
빙산이 친절하게 자신의 이름을 말해 주었다.
"내 이름은 빙산이야."
"네가 산이라고? 웃기지 마!
산에는 푸른 나무와 꽃들이 있어야 해……."
그러자 빙산이 나지막한 목소리로 이야기했다.
"모든 것을 네 관점으로만 생각하지 마. 이곳 남극에서는
이 하얀 얼음이 나무이고, 내리는 눈이 꽃이야.
마음의 문을 열고 나를 바라보렴! 그러면 푸른 나무와 아름다운
꽃들을 볼 수 있을 거야."

그때, 하늘에서 하얀 눈꽃이 떨어지고 있었다.

푸른 바다

푸름은 깊음으로 말미암는다.
골짜기에서 시내를 지나는 물에는 푸름이 없다.
푸름은 자신의 모습이 드러나지 않고
자신의 몸이 잠길 때 생겨나는 현상이다.
강을 지난 바다는 언제나 푸르다.

푸른 마음은 깊음으로부터 온다.
물이 얕을수록 자그마한 돌멩이에 부딪쳐 쫑알거린다.
하지만 낮아짐이 없이는 물이 깊어질 수 없다.
가장 깊은 바다는 가장 낮은 곳에 있다.

세상은 자꾸 오르려고만 한다.
재물도 높이 쌓으려 하고 명예도 더 키우려고만 한다.
그러나 오르려 하는 곳에는 무너짐이 있다.

'푸른 바다는 언제나 깊은 곳에 있다.'

22

줄다리기

있는 힘을 다해 당겼지만 어쩐 일인지 꿈쩍도 하지 않는다.
한번 끌려가기 시작하면 돌이키기가 여간 힘든 게 아니다.
하지만 당겨진다고 느껴지면 힘이 솟아나기 시작한다.
무슨 일이든지 시작할 때는 전혀 진척이 보이지 않는다.
그래서 그 일을 끝까지 마치기도 전에 포기하고 새로운 일을 찾아나선다.
그러나 그 일도 얼마 가지 않아 그만두고 말 것이다.
왜냐하면 그 줄도 지칠 때까지는 꿈쩍도 하지 않을 테니까.

세상 일이 다 그렇다.
일이 안 풀릴 때는 당기고 있는 줄이 세상에서 가장 무겁게 느껴지지만, 일이 순조롭게 진행될 때는 줄이 술술 당겨지고 가볍게 느껴진다.
내가 한숨을 내쉬면 가족들의 마음이 내려앉고,
내가 미소를 띠면 주위가 환하게 밝아지기 시작한다.

줄다리기 시합이 '줄'에 있는 것이 아니듯 세상일도
우리의 '마음'에 달려 있다.

꺾인 나무

밤새 불어온 태풍에 지쳐 한평생 자라온 뒷뜰 나무가 꺾이었다.
꺾인 몸뚱이가 쓰려 그는 신음을 토해 내고 있었다.
슬퍼하는 나에게 그는 잠시 미소를 보이며 위로했다.
"너무 아파하지 마, 우리는 태풍이 불어오면 가야 하는 삶이잖아."
그가 가고 없는 자리엔 풀이 돋아나고, 새들의 노랫소리가
구성지다.
하지만 이젠 나는 안다.
태풍이 불어오면 모두가 가야한다는 것을….

24

생화와 조화

한 아가씨가 아름다운 꽃들이 가득한 꽃집에 들어왔다.
그리고 가장 예쁘게 보이는 꽃을 가리키며 말했다.
"아저씨, 저 꽃으로 한 다발 주세요!"
주인 아저씨가 꽃을 건네자 아가씨는 실망스런 표정을 지었다.
자기가 고른 꽃이 생화가 아닌 조화였기 때문이었다.
눈치를 챈 주인 아저씨가 말했다.
"생화로 보셨죠? 다른 손님들도 종종 속곤 한답니다.
요즘은 조화가 오히려 생화보다 더 진짜 같다니까요."

씁쓸한 마음으로 아가씨가 물었다.
"그러게 말이에요! 저도 깜빡 속았지 뭐예요.
그런데 아저씨, 어떻게 생화와 조화를 구분하세요?"

꽃집 주인이 살며시 미소를 지으며 말했다.
"꽃도 사람을 고르는 것과 똑같지요. 눈에 보이는 대로 고르면 가짜를 만나게 돼요. 진짜를 고르고 싶을 땐 잠시 눈을 감고 보았던 아름다움의 흥분을 가라앉히세요. 그리고 상대로부터 스며 나오는 향기를 맡아보세요."

25

희망으로

절망이 흑사병처럼 온 세상을 휩쓸고 다녔다.
사람들은 하나 둘 쓰러져 죽어갔다.
한 사람이 신음소리를 내며 말했다.
"너무 힘들고 고통스러워!"
또 어떤 이는 이렇게 말했다.
"삶이 이토록 아픈 것인줄 몰랐어…."

어느 가난한 가정도 예외는 아니었다.
절망은 젊은 날의 꿈과 인생을 다 바친 직장에서 쫓겨나
그 어디에서도 받아주지 않는 남편에게 찾아왔다.
어느 날 밤 그는 지친 어깨를 늘어뜨리고 마지막 작별을
고하기 위해 골목길을 지나 집으로 향하고 있었다.
그의 입에서는 한마디 말이 계속해서 맴돌고 있었다.
"이젠 끝이야…."
설움이 북받쳐 올라 어느덧 그의 눈에서는 눈물이
흘러내리고 있었다.

'잘 살아보고 싶었는데….'
희미한 가로등 밑에서 흐느끼는 그에게 누군가가 다가와서 그를 감싸주었다.
"너무 슬퍼하지 말아요. 나는 당신과 아이들이 건강하게 내 곁에 있는 것만으로도 감사해요. 원래 우리가 이 세상에 나올 때 아무것도 없는 빈손이었잖아요. 우리가 잃은 것은 정말로 아무것도 없어요."

그리고 희망은 그를 이끌고 찬바람이 부는 골목길을 지나, 절망에게 빼앗기지 않은 그의 가정으로 들어갔다.
집 안에 들어서자 아이들의 웃음소리와 구수한 된장국 냄새가 한겨울의 밤하늘로 피워오르고 있었다.

26

끝까지 가야 한다

뒤뚱대면서도 갈 일이다.
나를 비웃든 놀려대든 어쨌든 끝까지 가야 한다.
남들처럼 온전한 발이 없다고 원망한들 뭐하리.
원래 바다에서 헤엄치며 살 수 있도록 지음받았는데
너희들이 내딛는 땅에서도 이렇게 걸을 수 있으니
덤으로 주어진 거라 생각하면 좋지 않은가.
걷는 모습이 우습다느니
그래가지고 어디까지 걸을 수 있겠냐느니
비아냥거리는 소리가 들려와도
내 자신만 꿋꿋하게 살아가면 되는 거지.

물고기도 아니고 짐승도 아니어서
늘 언제나 고독하게 지구의 끝에 묻혀 살아가지만
남들이 못 보는 아름다운 빙하도 볼 수 있고
이렇게 푸른 바다가 내려다보이는 동산에서 산책할 수 있으니
이만하면 괜찮은 삶이지 않은가!
여하튼 누가 조롱하든 비난하든 끝까지 가야 한다.

'뒤뚱대면서도 끝까지 가야 한다!'

27

늑대와 거울

오늘도 늑대를 보고 모든 동물들이 슬슬 피했다.
늑대는 다른 동물들을 원망하며 투덜거렸다.
'이기적인 것들! 모두 자신들의 관점으로 남을 판단하다니….
내가 뭐 어떻다는 거야?'
그리고 거울 앞에 비친 자신의 흉악한 얼굴을 보며
늑대가 스스로를 위안했다.
'겉모습이 다는 아니야, 마음속이 중요한 거라구!'

그러자 거울이 늑대에게 말했다.
"속마음이 겉모습을 만들기도 해!"
화가 난 늑대가 거울에게 소리쳤지만 거울은 당황하지 않고
늑대에게 조용히 말했다.
"네 속에 품은 것들이 네 얼굴에 드러난다는 거야. 네가 선한 마음을 가지고 있으면 선한 얼굴로, 악한 마음을 품고 있으면
악한 모습으로 드러나게 돼 있지. 얼굴이 못나도 선한 이가 있는가 하면, 얼굴이 잘 나도 흉악한 이가 있어."

기가 죽어 고개를 숙이고 있는 늑대에게 거울은 한 마디 더 덧붙였다.

"너를 피하는 다른 이들을 비난하거나 네 자신을 변명하려고만 하지 말고, 지금부터 네 속마음을 아름답게 가꾸어 나가도록 해. 그러면 네 겉모습도 달라보일 거야."

세 번째 이야기

자연과 관계의 대상에
대하여

1. 왜 사는가

사업가에게 물었다.
"당신은 왜 사는가?"
그러자 그는 대답했다.
"부자가 되기 위해서 살지요."

학자에게 물었다.
"왜 사는가?"
그가 신념으로 가득 찬 목소리로 말했다.
"후세에 길이 남을 학문을 이루기 위해서 삽니다."

정치가에게 물었다.
"왜 사는가?"
솔직한 심정으로 그는 대답했다.
"권력의 맛을 보고 싶소!"

그래서 그들에게 물었다.

"산다는 것이 무엇인지 아느냐고…."
"……"

왜 사는가?
부자되기 위함도, 이름을 알리기 위함도,
권력을 얻기 위함도 아닌
나에게 주어진 인생이 무엇인가를
묻는 질문이다.
나는 누구이며, 어디에서 와서,
어디로 가고 있는지 생각하는 것 말이다….

그러나 사람들에게 '왜 사느냐'고 물으면, 그들은
언제나 자신의 소망만을 이야기한다.

2

스완강의 흑조

스완 강의 흑조가 백조를 찾아왔다.
"친구야, 안녕! 그동안 잘 지냈니?"
그러자 백조는 인상을 찌푸리고 흑조를 부리로 쪼아댔다.
"저리 꺼져, 이 더러운 새야!"
흑조는 서러움에 북받쳐 백조에게 말했다.
"왜 그러는 거야? 나도 너와 같은 종류의 새라구! 단지 빛깔만 검을 뿐이야. 그러지 말고 우리 서로 사이좋게 지내자.
나는 네 친구가 되고 싶어."
"친구가 되고 싶다고? 웃기지 마! 너 같은 친구는 차라리 없는 게 더 나아. 어서 이곳을 떠나란 말이야!"
백조는 흑조를 더욱 아프게 쪼아댔다.
참다 못한 흑조가 백조에게 대들었다.

그 순간, 총소리가 들려왔다.
나무 사이에 숨어 때를 기다리던 사냥꾼이 총을 쏘았던 것이다.
총알은 백조와 흑조의 몸통에 정확하게 꽂혀 그들을 쓰러뜨렸다.
그들이 쓰러진 땅은 곧 붉은 피로 물들어갔다.

바닥에 흐르는 피를 보며 흑조가 백조에게 말했다.
"그것 봐, 너와 나는 똑같다고 했잖아!"
차츰 희미해져 가는 눈으로 백조는 흑조를 바라보았다.
"미안해…, 너에게 내가 너무 심하게 대했어. 이렇게 허무하게 죽을 걸 왜 못되게 살았는지. 평생 남을 미워하다가 이렇게 죽어야 하다니, 마음이 아프구나…."

그는 조용히 흐느꼈다. 그리고 흑조를 물끄러미 바라보며 무언가 말하려고 입을 떼었다.
그러나 죽음은 그에게 마지막 말을 하도록 기다려 주지 않았다.
축 처진 백조의 모습을 바라다보며 흑조가 속삭였다.

"나도 알아, '사랑한다'는 말을 하고 싶었다는 것을…."

3

결혼을 앞둔 갈대

가냘픈 허리와 늘씬한 몸매로 뭇 남성들의 사랑을 받고 있는 갈대에게 어느 날 바람과 달이 찾아왔다.

먼저, 바람이 멋진 옷자락을 휘날리며 갈대에게 청혼을 했다.
"이 세상에서 나만큼 박력 있는 남자는 없을 거요. 남자는 자고로 시원시원한 성격을 지녀야지요. 갈대 아가씨, 나와 결혼해 주세요!"
갈대는 바람의 호탕한 성격에 반했다.
'그래, 남자는 저 정도의 매력은 있어야 돼!'

갈대의 마음이 바람 쪽으로 흔들리자, 달은 다급해지기 시작했다.
"무슨 말씀을 그리하십니까? 당신은 박력이 있어서 멋있게 보일지는 모르지만 결혼 상대로는 적합하지 않습니다.
당신은 결혼을 하면 가정에 충실하지 않고 이곳저곳을 떠돌아다닐 게 뻔합니다.
갈대 아가씨, 바람한테 현혹되지 말고 저와 결혼해 주세요!

남자는 나처럼 자상한 면이 있어야 합니다. 비록 나는 박력은 없지만, 당신을 언제나 포근하게 품어줄 따스한 마음을 가지고 있답니다."
달의 말을 들으니 그 말도 옳은 것 같았다.
이제 "두 분의 말씀을 잘 들었습니다. 저에게 생각할 시간을 주세요. 마음이 정해지면 알려 드리겠습니다."

그 후에 갈대는
낮에는 불어오는 바람결에,
밤에는 은은한 달빛에 젖어,
아직까지 마음을 정하지 못하고 흔들리고 있다.

4

여자와 진주 목걸이

조개가 여우에게 물었다.
"여우야, 왜 여자들은 그렇게도 진주 목걸이를 좋아하는 거니?"
여우가 대답했다.
"그건 진주가 아름답고 귀하기 때문이야. 그래서 그런 진주를 목에 걸고 다니면 아름답게 보이고, 자신의 존재가 귀하게 된다고 생각하는 거지…."
조개가 이해할 수 없다는 듯 고개를 갸웃거렸다.
"정말 진주 목걸이를 목에 걸고 다니면 그렇게 보일까?"
그러자 여우가 분주하게 일하고 있는 한 남자를 가리켰다.
"글쎄, 그걸 사주기 위해 저렇게 몸부림치는 저 남자에게 물어봐…."

잠시 후, 조개가 그 남자를 찾아갔다.
"왜 당신은 이 고생을 하면서 여자에게 비싼 진주 목걸이를 사주려고 하시죠. 여자가 진주 목걸이를 하면 아름답게 보여서 그런가요?"

"아름답게 보이냐고요. 물론 안한 것보다는 낫겠지. 하지만 그것 때문이 아니야…."
"그럼, 뭐 때문이죠?"
"기쁘게 해 주고 싶어서죠."

뒤늦게 따라온 여우가 조개에게 물었다.
"왜 진주 목걸이를 여자에게 사주려고 한데?"
그러자, 조개는 여우의 귀에 대고 속삭였다.

"진주 목걸이가 여자를 행복하게 만든다고 남자들은 생각을 한데…."

5

바다의 별

"너는 누구지?"
"저는 별이에요."
그는 여전히 자신을 별이라고 했다.
그래서 다시 그에게 물었다.
"사람들이 너를 누구라고 하지?"
한참을 서글픔에 잠겨 있던 그가 입을 서서히 떼며 말했다.
"……별물고기……불가사리……"

그리고 왜 그가 하늘에서 이 깊은 바다 속에 빠지게 되었는지
말해 주었다.
"교만 때문이었어요."
그들은 별들 가운데서도 가장 아름다운 빛을 소유하고
있었다고 했다.
그러던 어느 날 사탄이 그들을 찾아와서 이렇게 말했다고
했다.

"저 바다 세계에는 이 하늘과 비교할 수 없는 아름다움과 행복한
삶이 있지. 만약 너희들이 그곳으로 간다면 성대하게 환영해
줄 거야. 너희처럼 아름다운 빛을 소유한 별들은 이 차가운
밤하늘에서 더 이상 고생할 필요가 없어."

별은 깊은 한숨을 내쉬며 말했다.
"그건 모두 우리의 아름다움을 시샘해서 지어낸 사탄의 거짓말
이었어요. 저 하늘을 떠나 이 바다에 내려오자 우리 몸에 있던
아름다운 빛이 사라져 버리는 거예요.

그리고 우리를 반기기는커녕 어느 누구도 거들떠보지 않는
거예요. 뒤늦게 후회하고 다시 하늘로 올라가려 했지만
빛을 잃어버린 우리들은 올라갈 수가 없었어요."
그는 흐느끼기 시작했다.

"이젠 알아요. 가장 아름다운 곳은 다른 데 있는 것이 아니라
내가 있었던 곳이라는 것을. 내가 있어야 할 자리에 있을 때
가장 아름다운 빛을 비출 수 있다는 것도.
그리고 이거 아세요? 누군가 자신의 이름을 불러 준다는 것이
얼마나 행복한 건지.
지금 저는 저 그리운 하늘도 아름다운 빛도, 나의 이름도 모두
다 빼앗겼답니다."
말하곤 쓸쓸히 그는 어디론가 사라져 갔다.

오늘도 바다의 별들은 아름다웠던 시절을 그리워하며
바다 속을 떠돌고 있다.

6

가시를 두른 나무

이 세상에서 가장 아름다운 꽃을 피우는 나무가 있었다.
전설에 의하면 가브리엘 천사가 떨어뜨린 눈물이 이 나무의
꽃이 되었다고 한다.
비록 다른 나무들처럼 키가 크지는 않지만 둥글고 아담한 모양
이 모든 이들의 마음을 사로잡기에 부족함이 없는 나무였다.
천사의 눈물로 벙그러진 꽃망울은 모든 나무들 가운데 이 나무를
최고의 나무가 되게 하였다.
"이것 좀 봐! 하늘에서 내려온 눈이 무지개를 입고 앉아 있는
것 같아…."
"저리 비켜, 나도 좀 보자구!"

사람들은 이 나무의 꽃을 보기 위해 서로 밀치고 야단이었다.
어떤 아이들은 이 사랑스런 나무를 쓰다듬으며 입맞춤을 하였
다. 이 나무는 사람들이 사랑해 줄수록 나무는 오히려 교만해졌
고 사람들을 무시하게 되었다.
'시끄럽고 냄새나는 인간들! 그 더러운 손으로 나를 만지고
내 신성한 꽃에 코를 갖다 대다니, 이제 더 이상 견딜 수 없어….'

그날 밤, 나무는 자신의 몸에 날카로운 가시를 둘러달라고 악마에게 부탁했다. 악마는 평생 가시를 가져야 한다는 조건으로 나무의 부탁을 받아들였다.

아침이 되자, 나무는 자신의 온몸에 가시가 돋아오른 것을 보았다.

'그래, 이제 됐어! 더 이상 사람들이 내게 가까이 다가오지 못할 거야. 그리고 내 아름다운 꽃에다 그 더러운 손과 코를 대지 못하겠지….'

사람들은 나무의 생각대로 나무 가까이 다가갈 수 없었다.

특히 부모들은 아이들이 가시에 찔리게 될까 봐 나무를 멀리했다. 문제는 이 둥근나무가 자신들을 멀리하기 위해 가시를 둘렀다는 사실을 알면서부터 나무에 대한 서운한 감정이 들었다.

"우리들이 그렇게 아끼고 사랑했건만 이렇게 냉정하게 대하다니…."

사람들은 하나 둘 나무 곁을 떠나갔다. 나무는 사람들이 오지 않자 처음에는 조용하고 귀찮지 않아서 좋았다.

그러나 날이 갈수록 외로워졌다. 자신의 몸에 아름다운 꽃이 피었지만 바라봐 주는 이 없으니 무의미했다. 돌봐 주는 이가 없어 비옥했던 땅은 먼지만 휘날리는 사막으로 변했다.
뜨거운 태양 볕에서 나무가 지난날을 회상하고 있을 때
도마뱀 한 마리가 다가왔다.
"이 어리석은 나무야! 그러게 왜 가시를 몸에 둘러서 사람들을 가까이 오지 못하게 했니?"
"사람들이 나를 귀찮게 했단 말이야! 심지어 어떤 꼬마들은
내 꽃을 갖기 위해 꺾기도 했어."
"꽃을 가져가면 다시 피우면 되잖아. 그렇다고 그 날카로운
가시를 몸에 두르다니 너무 심했어. 비록 네가 몸에 가시를 둘러
네 꽃을 지킬 수 있었지만 네 주변은 아무도 찾아오지 않는
척박한 사막이 되었다는 사실을 잊지 마…."

도마뱀은 먼지를 휘날리며 사막 한가운데 선인장을 남겨 둔 채
어디론가 사라졌다.

가위 바위 보

가위가 말했다.
"나는 망치처럼 남을 부숴뜨리는 '바위'가 싫어. 항상 포근하게 남을 품어주는 '보'가 좋아!"

바위가 말했다.
"나는 누구든지 잡으려드는 '보'가 싫어. 비록 날카롭지만 뒤끝이 깨끗한 '가위'가 좋아!"

보가 말했다.
"나는 무엇이든지 잘라버리는 '가위'가 싫어. 남자처럼 우직하게 생긴 '바위'가 좋아!"

그러자, 이를 듣고 있던 한 엄마가 아들에게 말했다.
"애야, 잘 들어라! 너는 앞으로 인생을 살아가면서 여러 사람들을 만나게 될 거야. 그런데 네가 이길 수 있는 사람만 좋아한다면 너는 아무 발전이 없단다. 비록 지더라도 너보다 강한 사람을 비난하지 말고 가까이서 배운다면, 나중에는 그보다 더 강하고 훌륭한 사람이 될 수 있단다."

별의 선택

모두의 관심을 끌기 위해 해는 강렬한 빛을 비추기 시작했다.
사람들은 해가 제공해 준 밝은 낮의 공간에 대해서 고마워했다.
"당신이 없다면 우리는 캄캄한 밤에 갇혀 아무 일도 못할 겁니다. 비록 밤하늘에 달이 있긴 하지만, 그 빛이 너무 약해 자유롭게 활동하기에는 역부족입니다."
"맞아요. 당신이 아니면 우리도 이렇게 자랄 수 없을 겁니다. 당신은 우리의 희망입니다."
늠름하게 하늘 높이 뻗은 나무가 말했다.

해는 자랑스런 마음으로 평소 흠모하던 아름다운 별을 찾아갔다.
"사랑하는 아가씨, 나는 당신을 행복하게 해 줄 능력을 가지고 있습니다. 내 사랑을 받아주십시오!"
그러나 해의 기대와는 달리 별은 단호하게 거절했다.
"난 당신을 받아들일 수 없습니다. 나는 저 달과 함께 여생을 함께 하기로 결정했습니다."
의외의 대답을 들은 해는 당황했다.

"나를 받아들일 수 없다니, 그게 무슨 말씀이십니까? 아니 능력도 없는 달과 함께 살겠다는 겁니까? 정신을 똑바로 차리세요! 나는 모두가 부러워하는 강렬한 빛을 소유하고 있단 말입니다."

그러자 별이 말했다.
"그게 바로 내가 당신을 받아들일 수 없는 이유입니다. 당신의 그 강렬한 빛 때문에 당신을 쳐다볼 수가 없어요.
바라볼 수 없는 이와 어떻게 평생을 함께 살 수 있겠어요?"
그리고 별은 은은한 달의 눈빛을 사랑스럽게 바라보았다.

9
흐르는 물처럼

물은 떠나온 곳으로 돌아가지 않는다.
골짜기로부터 시내를 이루고 강을 지나 바다로 떠나간다.
그래서 그는 늘 그립다.
물은 떠나지만 그가 지나간 자리에 생명을 남겨 놓는다.
그로 인해 숲 속의 나무들은 푸르름을 잃지 않는다.
그리고 강에는 누치와 연어들이 생명을 잉태한다.
'우리의 인생도 물처럼 살아야 해….'
하지만 우리는 떠나려 하지 않는다.
아쉬움으로 왔던 곳으로 돌아가려 한다.

우리가 지나온 자리에는 살아 있는 것들에게 입힌 상처가 많다.
그래서 떠나갈 때에는 서로에게 미안함으로 눈을 감는다.
아! 나도 그렇게 살고 싶다.
눈물나도록 보고 싶지만 강을 지나 바다로 떠난 물처럼….
그래서 항상 그리운 존재로
'너의 가슴에 영원히 남는 인생'이고 싶다.

10

앵무새의 아픔

그날도 동물원에 많은 사람들이 몰려들었다.
짓궂은 한 사람이 앵무새에게 계속 말을 시켰다.
"야, 앵무새야! 내 말 따라서 해 봐, 사 - 랑!"
앵무새는 힘이 들었지만 사람들에게 실망시키지 않으려고
그 말을 따라 했다.
"사 - 랑!"
그러자 사람들은 환호성을 지르며 좋아했다.
"야, 대단해. 새가 사람처럼 말을 하다니 정말 놀라운 걸."
그때 어디선가 참새 한 마리가 잠시 쉬고 있는 앵무새를 찾아왔다.
"너는 참 좋겠다. 사람들의 관심을 한몸에 다 받고 있으니.
나는 네가 부러워! 어쩌면 너는 그토록 사람들의 말을
잘 따라서 하니?"
앵무새는 시무룩한 표정을 지으며 참새에게 말했다.
"내가 부럽다고? 내 앞에서 그런 말 하지 마! 매일 남의 말만 따라서 한다는 게 얼마나 내 자신을 고독하게 만드는 줄 아니?"
앵무새의 눈에 눈물이 맺혔다.

"나도 너처럼 내 속에 있는 내 말을 하고 싶어.
그리고 너처럼 자신의 노래를 부르며 자유롭게 살고 싶어!"

11

하늘과 땅

늘 머무는 건 '땅'이 아니라 '하늘'이다.
하늘은 언제나 우리와 함께 있다.
인생의 고갯길마다 깊은 한숨을 내쉬고 고개를 들면, 하늘은 언제나 그곳에 있었다. 쓰러졌을 때 다시 일어설 수 있었던 것도 하늘이 있었기 때문이다.
하늘이 늘 우리 곁에 머무는 건 사람이 밟을 수 없기 때문인지도 모른다.
하지만 어제의 땅은 잊혀진 얼굴들과 함께 사라진다.

땅은 인간들에 의해 옷을 갈아입는다.
왜 우리네 인생은 밟을수록 타인에게 상처와 아픔을 가져다 주는가?

머무름은 참자유로부터 말미암는다.
하늘이 변함없이 존재하는 것은 우리에게 매여 있지 않기 때문이다.
우리는 누군가의 자유를 빼앗으면 곁에 머무르게 할 수 있다고 생각한다. 그래서 그를 자유롭지 못하게 한다. 그리고 우리는 이별의 눈물을 흘린다.

늘 떠도는 건 '하늘'이 아니라 '인간'이다.

12

겨울의 뒷모습

그가 어디론가 떠나려고 채비를 하고 있었다.
"왜, 떠나려고 하십니까?"
담담히 그가 대답했다.
"봄이 오기 전에 가야지요."
"그래도 이렇게 쓸쓸히 떠나시면 서운해서 어떡해요."
그는 문을 나서기 전 살짝 미소를 보이며 말했다.
"머뭇거리면 추하게만 보일 뿐이지요."

언젠가 그가 찾아왔을 때 짜증을 냈던 내 자신이 후회스러웠다.
이렇게 떠날 줄 알았으면 좀 더 잘해 주는 거였는데….

이제 그는 가고 그가 떠난 자리에는 앙상한 나무만이 찬바람을 맞고 있다.
오늘 이렇게 마음 시리도록 아쉬운 건 그가 더 이상 이 세상 사람이 아니라는 사실 때문이다.

아, 이제 다시는 그를 만날 수 없지만
그가 남기고 간 겨울을 사랑하고 싶다.
앙상한 나뭇가지!
외로이 떠도는 바람!
그리고 굴뚝 위로 피어오르는 연기들….

이 모든 것들 속에 그의 자취가 남아 있다.
쓸쓸히 떠난 겨울의 뒷모습이….

인생은 언제나 후회만 남는 것 같다.
이젠 그가 남기고 간 겨울의 자취들을
사랑하고 싶다!

13

물레방아

사람들이 물레방아를 칭찬했다.
"언제 보아도 저 물레방아는 멋있고 운치 있어!"
칭찬을 받게 된 물레방아는 점점 교만해졌다. 함께 있는 물을 무시하고, 자신의 존재만을 가치 있게 생각했다.
물이 조금이라도 더디게 내려오면 가만히 보고 있지 않고 신경질을 부렸다.
"이 게으름뱅이 녀석아, 왜 그렇게 게으름을 부리는 거야. 잘난 게 없으면 부지런이라도 해야지!"
그럼에도, 물은 물레방아의 신경질을 받아주며 묵묵히 일만 할 뿐이었다.

그러던 어느 해 비가 오지않아 가뭄이 들었다.
모든 계곡과 시내가 말라버렸다.
물이 마르자 물레방아도 돌기를 멈추었다. 그러자 사람들도 물레방아에게 관심을 기울이지 않았다.
넋을 잃고 멍하게 앉아 있는 그를 보며 지나가던 여우가 말했다.
"물이 있어야 물레방아지…."

여우가 지나간 뒤 물레방아는 그의 말을 곰곰히 생각해 보았다.
'그래, 여우의 말이 맞았어. 나는 지금까지 내가 잘나서
사람들로부터 칭찬을 받는 줄 알았어. 하지만 그게 아니었어.
말없이 지금까지 나를 도왔던 물이 있었던 거야⋯.'

얼마 뒤 비가 내려서 물이 다시 흐르게 되었다.
다시 찾아온 물을 사랑스레 바라보며 물레방아가 말했다.
"고마워, 네가 있기에 내가 존재할 수 있다는 걸 이제서야
깨닫게 됐어."
물은 쑥스러운 듯 고개를 숙였다.
"고맙긴⋯, 나는 아름답게 돌고 있는 너를 보고 있을 때가 가장
행복한 걸. 그것으로 나는 만족해⋯."

물레방아는 부드럽게 물을 감싸안으며 나지막이 속삭였다.
"고마워⋯, 너를 사랑해!"

14

다리

사람들은 사랑하는 이들을 만나기 위하여 물을 건너갈 다리가 필요했다. 그래서 그들은 땀을 흘리며 다리를 만들기 시작했다. 비록 지치고 힘은 들었지만 보고픈 얼굴들을 생각하면 보람되었다. 다리가 완공되어가자 사람들을 기뻐하고 좋아했다.

세월이 흐른 어느 날,
그 다리 위로 한 마리의 여우가 지나가게 되었다.
여우는 다정하게 다리와 인사를 나누었다.
"다리야 고마워! 네가 아니면 이 물을 건너기가 불편할 텐데…."
다리는 쑥스러워했다.
"고맙긴, 뭘…."
여우는 미안한 마음으로 다리에게 말했다.
"그런데, 다리야! 우리가 매일 이렇게 너를 밟고 지나다니면 힘들지 않니?"
그러자 다리는 슬픈 표정을 지으며 대답했다.
"그런 건 하나도 힘들지 않아. 오히려 보람되고 행복한 걸. 나를 힘들게 하는 건 사람들이 나를 건너가 이웃 사람들과 싸우고 서로를 죽일 때야. 내가 다리가 된 건…, 전쟁을 하기 위함이 아니라 그리운 이들을 만나기 위함이었는데 말이야."

15

정상

한 등산가가 세상에서 가장 높은 산을 오르고 있었다.
기상 조건이 좋지 않아 출발부터 어려움이 많았다.
날리는 눈발은 눈 앞을 가렸고, 높은 고개는 숨을 막히게 했다.
그리고 함께 가던 두 명의 동료를 도중에 잃은 아픔도 겪었다.
그러나 그는 사람들이 꿈에도 그리는 정상에 오르고 싶었다.
등산가는 갖은 고생 끝에 정상에 올랐다.
모두가 부러워하는 정상을 정복했다는 성취감에 가슴이 터질 것만 같았다.
"야호! 나는 정상을 정복했다! 나는 최고다!"

흥분한 등산가를 바라보던 정상이 말했다.
"그래, 소원하던 정상에 오르니 좋은가?"
"그걸 말씀이라고 하십니까, 어떻게 오른 정상인데!
그런데 당신은 세상에서 가장 높은 이곳에 계시면서 기쁘지 않습니까?"
"글쎄…, 원래 이곳에 오르면 처음에는 세상을 다 얻은 것처럼 기쁘지. 그러나 시간이 지날수록 이곳이 얼마나 고독한 자리인지 알게 된다네…. 그게 바로 모든 사람들이 그토록 오르려고 열망하는 '정상'이야."

박쥐 인생

일생을 매달려 사는 건 너만이 아니다.
줄타기하는 곡예사도 아닌데 우린 너처럼 그렇게 살아 왔다.

밤에도 두 손을 놓지 못하고
푸른 하늘과 꽃들이 만발한 들판 위를 날아보지 못한 채
천년이 차면 불새가 되리라는 마녀의 거짓에 갇혀
새도 짐승도 되지 못한 채 그렇게 살고 있다.

'일생을 매달려 사는 건 네가 아닌 우리의 욕망이다.'

17

네 잎 클로버

네 잎 클로버가 다른 풀들 앞에서 고개를 빳빳이 쳐들고
거드름을 피우고 있었다.
'나는 행운의 풀이야. 내 주위에 있는 세 잎 클로버들과는
태생부터가 다른 귀하신 몸이라구!'

모두들 네 잎 클로버를 부러워했다. 그리고 네 잎 클로버처럼
행운을 타고나지 못한 자신들의 신세를 한탄했다.
'왜, 나는 내세울 것 하나 없는 존재로 태어났을까?'
'나도 저 네 잎 클로버처럼 되었으면….'
모든 풀들은 네 잎 클로버 앞에서 기가 죽어 지내고 있었다.

그러던 어느 날 한 여학생이 그곳을 지나가게 되었다.
많은 풀들 가운데 유독 그녀의 눈에 들어오는 것이 있었다.
그것은 다름아닌 네 잎 클로버였다.
흥분한 여학생이 소리쳤다.
"내가 행운의 네 잎 클로버를 발견했다!"
그녀는 행운의 네 잎 클로버를 꺾어 책갈피 속에 끼워 두었다.

"아악!"
네 잎 클로버는 고통스러운 신음소리를 내며 죽어갔다.
이 모습을 지켜보던 버들강아지가 고개를 절레절레 흔들며 중얼거렸다.

"무엇이 진정한 행운인지 알 수 없어. 그래, 어찌보면 우리가 추구하는 이 세상의 행운이라는 것도 이와 같은 것인지도 모르지…."

18

군화와 구두

시커먼 가죽이 발목까지 차오른 군화가 포악스런 밑창으로 신발들을 짓밟고 다녔다. 짚신은 찢기었고 부드럽기 짝이 없는 고무신은 쪼그라들어 제 모습을 찾아볼 수 없게 되었다. 그뿐 아니라 점잖던 신사 구두도 짓이겨져 초라한 모습으로 변해 버렸다. 무소불위의 힘을 휘두르며 군화는 세상의 모든 것을 지배하고 빼앗았다.
'이제 세상의 모든 것은 내 발 밑에 있어. 잘난 체하던 저 구두도 내 앞에서는 초라하기 그지없군!'

그리고 군화는 평소 자기를 업신여기고 구두를 사랑했던 한 아가씨를 찾아갔다.
"이봐, 아가씨! 이제 나는 모든 것을 얻었어. 당신을 행복하게 해줄 수 있는 자는 오직 나뿐이라구. 나와 결혼해 줘…."
"그럴 수 없어요."
"그럴 수 없다구?"
"그래요. 설사 내가 당신을 사랑한다 해도 당신의 그 모습으로는 결혼식장에 들어갈 수 없어요. 결혼식장에는 오직 정장을 한 구두만이 들어갈 수 있다는 걸 모르세요? 만약 당신이 나와 결혼하고 싶다면 먼저 당신의 것을 버리고 구두가 되세요."

아가씨의 말을 듣고 군화는 고민했다.
그러나 군화는 차마 자신을 벗을 수 없었다. 군화를 벗는 순간 자신 밑에 깔려 있던 모든 것이 한순간에 날아갈 게 뻔하기 때문이었다.
결국 군화는 힘으로 세상의 모든 것을 얻었지만 진정한 사랑은 얻을 수 없었다.
한편, 아가씨는 짓이겨진 구두를 일으켜 세우고 정성스레 광을 내어 비록 풍족한 삶은 아닐지라도, 사랑이 가득한 가정을 꿈꾸며 결혼식장으로 향했다.

19

바람과 풍차

한겨울에 바람이 언덕 위의 풍차를 찾아갔다.
풍차는 바람을 반갑게 맞아주었다.
"안녕, 바람아! 어서 와."
바람은 반갑게 자기를 맞아주는 풍차가 고마웠다.
"풍차야, 고마워! 사람들은 내가 다가가면 옷을 단단히 여미고 웅크리고 앉아 나를 거부하지. 그리고 집집마다 문을 닫고 들어오지 못하도록 하는데 오직 너만이 나를 반겨 주는구나."

풍차가 미소를 지으며 바람에게 말했다.
"바람아, 너무 서운해 하지 마. 그들에게는 나처럼 바람개비가 없어서 그런 거야."
바람은 힘차게 돌아가는 풍차를 바라보았다.
"바람개비가 없어서 그렇다고?"
"그래, 나도 처음에는 너를 싫어하고 두려워했지. 그런데 어느 날 달님이 내게 말했어. 세상에 쓸모없이 존재하는 것은 없다고. 나쁘게 보이는 것도 올바로 이해하고 받아들이면 좋은 친구가 될 수 있지…. 그래서 나는 너를 거부하기보다는 너를 받아들일 수 있는 바람개비를 내 안에 만들기로 한 거야."
바람은 고개를 갸우뚱거렸다.
"그런데 왜 사람들은 너처럼 자신들의 바람개비를 만들지 않는 거니?"

풍차는 자신의 바람개비를 바라보며 말했다.
"왜냐하면 바람개비를 달기 위해선 자신의 모양과 형태가 바뀌기 때문이야. 사람들은 자신을 버려 변하는 것을 싫어하고 두려워하지. 그러기보다는 자기에게 맞는 사람을 찾아서 친구가 되려고 한단다. 그래서 그들은 언제나 외롭다고 하지…."

그리고 풍차는 사랑스레 바람을 감싸안았다.

20

싸리빗자루

가을이 되자 많은 낙엽들이 마당에 떨어졌다.

싸리빗자루는 낙엽 때문에 일이 더 많아지자 화가 났다.
신경질을 내며 낙엽을 떨어뜨린 나무를 힘껏 후려쳤다.
"너 때문에 내가 힘들단 말이야, 이 못된 나무야!"
그러자 나무는 서운해 하며 싸리빗자루에게 말했다.
"너무 그러지 마! 너도 예전에는 우리와 같은 나무였잖아."
"그래서 그게 어쨌다는 거야?"
"우리의 입장을 이해해 달란 말이야. 네가 빗자루가 됐다고 어떻게 하루아침에 태도가 변할 수 있니? 그러면 안 돼! 현재 네가 무엇이 되었든 너는 언제나 나무일뿐이야."
"뭐라고, 내가 나무일뿐이라고?"
펄펄 뛰는 싸리빗자루를 향해 나무는 조용히 말했다.
"그래, 우리가 이 세상을 살아가면서 모양은 바뀔 수 있지. 그렇다고 우리 자신의 존재가 달라진 건 아무것도 없어."
나무는 흘러가는 구름을 바라보며 속삭였다.

"본래의 네 자신을 사랑함이 없이는 현재의 네 자신도 사랑할 수 없어. 그런 마음으로는 항상 다른 이들에게 상처만 줄 뿐이지. 우리들 모습은 변해도 '우리'라는 그 존재 자체는 바뀌지 않기 때문이야."

21

선과 악

'선'이 어려운 병든 이웃들을 도와주었다.
사람들은 선을 좋아하고 따르게 되었다.

그러자 '악'은 질투를 느꼈다.
"도대체 인간들은 왜 그리 이기적인지 모르겠어. 자신들에게 조금이라도 도움이 된다고 생각하면 저렇게 달라붙어서 갖은 아양을 떠니 말이야."

악이 하는 말을 어떤 사람이 듣게 되었다.
"뭐라고, 우리가 이기적이라고? 네놈의 못된 성질은 생각하지도 않고 오히려 우리들을 비난해? 이 못된 놈아!"
쫓겨난 악은 거리를 떠돌며 이를 갈았다.
'어디 두고 보자.'
기회를 엿보던 악이 어느 날 길 모퉁이에서 선을 만났다.
그리고 준비해 둔 돌로 선의 머리를 내리쳤다.
"죽어, 어서 죽으란 말이야! 네놈 때문에 도저히 내가 살아갈 수 없어…."

외마디 비명소리와 함께 선은 힘없이 쓰러졌다.
"아악!"
싸늘한 그의 시신은 다음 날 아침 사람들에게 발견되었다.

선을 따랐던 한 사람이 안타까운 마음으로 악에게 물었다.
"왜 선을 죽였지, 선은 단지 사람들에게 온갖 좋은 일만 했을 뿐인데…."
악이 대답했다.
"그게 바로 내가 선을 죽인 이유야!"
담담하게 말하는 악의 입가에는 잔인한 미소가 감돌았다.

22

불나방

"저리 꺼져!"
사람들이 나방들을 가까이 다가오지 못하도록 소리쳤다.
사람들에게 거절당한 나방들은 이곳저곳을 방황하며
돌아다녔다.
'우리들을 따뜻하게 대해 줄 곳은 이 세상에 없는 것일까?'
어느덧 해는 기울고 들판에는 싸늘한 공기와 함께 어둠이
찾아왔다.
나방들은 서글퍼지기 시작했다.
사는 것만으로도 힘겨운데 선입견을 가지고 무조건 자신들을
나쁘게 바라보는 사람들의 시선과, 지친 몸을 기댈만한 곳이
어디에도 없다는 현실이 그들의 마음을 서글프게 했다.
'왜 우리는 버림받은 존재로 태어났을까?'

쓰린 마음을 부여잡고 나방들이 밤하늘을 휘돌고 있을 때 어디선가 다정한 목소리가 들려왔다. 소리가 나는 쪽으로 다가가자 거기에는 누군가가 피워 놓은 모닥불이 타오르고 있었다.
모닥불이 나방들에게 말했다.

"너희들이 얼마나 힘들고 어려운지 나는 알아. 너희가 아무리 좋은 마음을 품고 있다 해도 사람들은 일단 너희들의 겉모습만을 보게 돼 있지. 그리고 너희들의 의도와는 상관없이 너희들은 나쁜 존재로 낙인찍히게 되는 거야. 사람들은 상대를 지켜봐 주지 않아. 일단 자기 눈에 거슬리는 것은 배척부터 하고 보지. 그게 타락한 인간의 본성이야…."

나방들은 처음으로 자기를 이해해 주는 상대를 만나자 그동안 맺혔던 가슴속의 한이 다 풀리는 것 같았다. 마음 뿐만 아니라 떠돌아다니느라 얼었던 몸도 모닥불의 열기에 녹아내렸다.
그때, 한 나방이 자신에게 너무 가까이 다가오자
모닥불이 놀라서 소리쳤다.

"너무 가까이 다가오지 마. 위험해!"
모닥불의 경고에도 나방은 멈추지 않고 점점 가까이
다가오더니 마침내 모닥불의 품으로 자신의 몸을 내던졌다.

그런데 앞서 불타 죽은 나방을 보고서도 뒤에 있던 다른 나방들도 계속해서 모닥불 속으로 들어가는 것이었다.
몇 걸음 떨어져서 불을 쬐고 있던 사람이 이 모습을 지켜보며 한심스럽다는 듯 말했다.
"어리석은 녀석들, 죽을 줄 알면서도 불 속에 뛰어들다니…."
그러자 맨 끝에 있던 나방이 서글픈 목소리로 그 사람에게 다가가 말했다.

"우리를 이렇게 만든 건 바로 당신과 같이 차가운 마음을 가진 사람들 때문이야. 비록 죽더라도 이 세상에서 처음으로 느껴본 따뜻한 가슴속에 묻히고 싶은 게 우리의 심정인 걸 당신이 어떻게 이해하겠어…."

그리고 그 마지막 나방도 불 속에 뛰어들어 불나방이 되었다.

23

초원매와 얼룩다람쥐

매 중에서 가장 빠른 초원매 한 마리가 날카로운 발톱으로
얼룩다람쥐를 움켜쥐고 둥지로 날아가고 있었다.
초원매의 발톱에 짓눌린 채 얼룩다람쥐가 물었다.
"지금 어디로 가는 겁니까?"
"내 둥지로…."
초원매의 둥지가 가까워지자 얼룩다람쥐의 몸이 떨려오기
시작했다.
"살려 주세요! 지금 제 어린새끼들이 제가 돌아오기를 기다리고
있습니다."

애원하는 얼룩다람쥐의 두 눈에 눈물이 고였다.
"제가 죽으면 굴 속에 있는 제 새끼들을 누가 돌봅니까?
제발 제 새끼들을 봐서라도 저를 살려 주십시오."
얼룩다람쥐는 고개를 돌려 초원매를 바라다보았다.

괴로운 심정으로 저 멀리 둥지를 쳐다보며 초원매가 말했다.
"미안해, 나도 오랫동안 먹을 것을 얻지 못해 굶주려 있는
내 새끼들을 먹여 살리려고 이러는 거야…."
그날, 얼룩다람쥐는 굶주린 초원매 새끼들의 먹이가 되었다.

24

다람쥐와 쳇바퀴

다람쥐가 쉼 없이 쳇바퀴를 돌리고 있었다.
여우가 이해할 수 없다는 듯 다람쥐에게 말했다.
"무엇 때문에 그렇게 열심히 쳇바퀴를 돌리는 거니?
쉬지 않고 달리면 피곤할 텐데…."

쳇바퀴를 멈추지 않고 다람쥐가 말했다.
"피곤하긴요, 오히려 나는 쳇바퀴를 돌리고 있으면
소망이 생기는 걸요."
"소망이 생기다니, 그게 무슨 말이니?"

미소를 지으며 다람쥐가 말했다.
"사실 저는 키가 작고 힘이 없다고 매일 무시당하고 살아왔어요.
그럴수록 더 소심해졌고 살아갈 소망까지 잃었어요.
그러던 어느 날 마당에서 쳇바퀴를 돌리고 있는데 아빠가 내게
다가와 부드럽게 말씀하셨어요. 달리는 나의 모습이
아름답다고요. 그 칭찬을 듣자 내 마음속에서 소망이 솟아오르기
시작했어요. 그리고 사는 것이 재미있다는 생각이 드는 거예요.
그런데 어떻게 제가 달리는 걸 멈출 수 있겠어요?"

오늘도 다람쥐는 기쁜 마음으로 쳇바퀴를 돌리고 있다.

나무와 낙엽

어느 숲 속에 키가 큰 나무가 살고 있었다.
그 나무는 늘 자신의 늠름한 모습을 자랑스럽게 여겼다.
그러던 어느 날 나무는 자신의 발 밑에 떨어져 있는 낙엽을
바라보게 되었다.
"어유, 지저분해! 너희들이 항상 내 주위에 있으니까 내 품위가
떨어진단 말이야.
저리 가, 제발 나에게서 멀리 떨어지란 말이야."

그곳을 지나가던 여우가 나무에게 말했다.
"어리석은 나무야! 낙엽이 생명을 던져 너를 이렇게 키운 걸
모르니?"
어리둥절한 표정으로 나무가 물었다.
"나를 키웠다고?"
"그래, 낙엽이 죽어 지금의 네가 있을 수 있는 거야. 너를 위해 낙엽이 희생한 거란 말이야. 그런 낙엽에게 최소한의 고마운 마음이라도 가져야 되지 않겠어?
낙엽이 없었다면 지금의 네가 있을 수 없지…."

나무는 더욱 신경질을 내며 말했다.
"예전에 어떻게 했는지 모르지만, 이제 필요없어.
나 혼자서도 얼마든지 잘 살아갈 수 있단 말이야. 귀찮아!"
험상궂은 표정으로 나무가 소리쳤다.
"저리 꺼져, 이것들아!"

나무에게 쫓겨난 낙엽은 저 멀리 서 있는 나무를
그리운 눈빛으로 바라보았다.
'안녕! 행복하게 살 길….'

그리고 낙엽은 쓸쓸히 길을 떠났다.
지금도 낙엽은 불어오는 바람결에 늙은 부모처럼
이리저리 떠돌고 있다.

26

천국과 지옥

한 여행객이 어느 날 천국을 방문하게 되었다.
오염되지 않은 맑은 하늘에서 평화로이 새들이 날갯짓을 하고,
강가에서 벌거벗은 아이들의 물장구와 웃음소리가 물방울이
되어 무지개를 타고 올라가고 있었다.
행복한 미소를 짓고 있는 한 사람에게 여행객이 물었다.

"어떻게 이런 행복한 천국에 오시게 되었습니까?"
그러자 그 사람은 겸연쩍은 얼굴로 대답했다.

"제 주제에 어떻게 천국에 올 수 있겠습니까. 못난 저를 위해
밤낮으로 눈물을 흘리신 어머니가 계셨기 때문이지요."

옆에 있던 사람이 한마디 거들었다.
"저도 마찬가지입니다. 학창시절 제게는 잊을 수 없는 선생님이
한 분 계셨는데 그 선생님께서 인생의 참 진리와 길이 무엇인지를
알려 주셨습니다. 그래서 이 천국 길을 잃지 않고 올 수
있었습니다."

그 여행객은 뿌듯한 마음으로 천국 길을 내려왔다. 그리고 지옥길로 향했다. 지옥은 천국과는 달리 하늘이 없었다. 오직 보이는 건 시커먼 연기를 뿜는 수많은 동굴뿐이었다. 그 동굴 속에서 뱀에게 휘감겨 뼈만 앙상하게 남은 또 다른 사람들이 있었다.

분노로 가득찬 어떤 사람에게 그 여행객이 물었다.
"어쩌다 이 고통스런 지옥에 오시게 되었습니까?"
그러자 얼굴을 찌푸리며 그 사람이 대답했다.
"젠장, 그 못된 마누라만 만나지 않았어도 내가 이렇게 되지는 않았을 거야."
그때, 저쪽 끝 귀퉁이에 있던 한 여인이 소리쳤다.
"뭐라고, 이 나쁜 녀석아! 네 놈을 만나기 전에는 나도 순수한 여자였단 말이야…."
그렇게 그들은 그곳에서 서로에 대한 원망으로 고통 속에 살고 있다. 그리고 우리는 이곳에서 또 다른 고통을 만들고 있다.

절망에게 빼앗기지 않은 인생 수업

2023년 7월 17일 인쇄
2023년 7월 21일 초판 1쇄 발행

글·사진_ 정원준
편집 디자인_ B&D
편집 구성_ 이우석
교정_ 이선경 이우석

펴낸이_ 이재석
펴낸곳_ Good Book 울림사
등록번호_ 제2018-000044호
주소_ 03376 · 서울 은평구 녹번로 33-20 2층A
전화_ 02)736-4464 | 010-3773-3508
팩스_ 02)736-4467
이메일_ woolimsa1016@naver.com

ISBN 979-11-981441-4-0   03810
ⓒ 이재석, 2023

*잘못된 책은 교환해 드립니다. 값은 뒤표지에 있습니다.
 이 책은 저작권법에 따라 보호받는 저작물이므로 무단전재와 무단복제를 금합니다.
 굿북울림사는 좋은책만을 만드는 집으로,
 출판에 뜻이 있는 분들의 소중한 원고를 기다립니다.